浙江省社科赋能山区 26 县行动成果

浙江省山区共同富裕先行实践地的探索

——开化县金星村样本研究

辛金国　刘　昱　等编著

ZHEJIANG UNIVERSITY PRESS
浙江大学出版社
·杭州·

图书在版编目(CIP)数据

浙江省山区共同富裕先行实践地的探索:开化县金
星村样本研究 / 辛金国,刘昱等编著. --杭州:浙江大学
出版社,2023.3(2024.1重印)
ISBN 978-7-308-23542-6

Ⅰ.①浙… Ⅱ.①辛… ②刘… Ⅲ.①山区农村—共
同富裕—研究—浙江 Ⅳ.①F327.55

中国国家版本馆 CIP 数据核字(2023)第 035160 号

浙江省山区共同富裕先行实践地的探索
——开化县金星村样本研究

辛金国 刘昱 等编著

责任编辑	傅百荣	
责任校对	徐素君	
封面设计	周 灵	
出版发行	浙江大学出版社	
	(杭州市天目山路 148 号 邮政编码 310007)	
	(网址:http://www.zjupress.com)	
排 版	杭州隆盛图文制作有限公司	
印 刷	广东虎彩云印刷有限公司绍兴分公司	
开 本	710mm×1000mm 1/16	
印 张	13	
字 数	227 千	
版 印 次	2023 年 3 月第 1 版 2024 年 1 月第 2 次印刷	
书 号	ISBN 978-7-308-23542-6	
定 价	58.00 元	

序言 XU YAN

党的二十大报告指出,"中国式现代化是全体人民共同富裕的现代化"。浙江一以贯之忠实践行"八八战略",以"两个先行"实干实效谱写中国式现代化浙江篇章,在践行共同富裕和推进中国式现代化中具有重要的引领作用,2021年6月,中共中央、国务院发布《关于支持浙江高质量发展建设共同富裕示范区的意见》,赋予浙江新的使命和任务,这是以习近平同志为核心的党中央作出的一项重大决策。为深入贯彻实施浙江高质量发展建设共同富裕示范区,浙江省委、省政府作出了加强山区26县高质量发展的决策部署。浙江省社科联自2021年8月,开展了社科赋能山区26县高质量发展行动,组织智库专家和广大社会学者深入浙江省山区26县,广泛开展调研,挖掘特色案例,总结相关经验,本书就是杭州电子科技大学浙江省信息化发展研究院在开化县金星村进行深入调研的基础上,提炼总结开化县金星村打造共同富裕先行地的经验,对浙江省山区共同富裕先行地的深入探索和系统总结。

2006年8月16日,时任浙江省委书记的习近平同志来到金星村考察,亲切地询问郑初一书记金星村村民的收入来源,郑初一书记回答道:"三分之一村民靠外面务工取得收入;三分之一村民靠在本县从事二三产业取得收入;三分之一村民依靠在本村务农取得收入。"在考察结束时,习近平同志说道:"这就叫做人人有事做,家家有收入。这就是新农村。"这份重要嘱托形象生动地阐明了生产发展、生活富裕是新农村建设的根本任务,也是共同富裕的前提基础,在一定程度上抓住了农村共同富裕的逻辑起点,体现了由乡村广大农民的主体性、内生性的力量而实现的共同富裕。同时也表明,促进共同富裕,最艰巨最繁重的任务仍然在农村,乡村振兴是实现共同富裕的必经之路。

金星村牢记习近平总书记的重要嘱托,努力打造共同富裕实践样板,走出了一条具有金星特色的高质量乡村振兴之路。一是立足产业,构筑富民根基。金星村始终把产业发展摆在突出位置,充分挖掘在红色教育、休闲旅游、绿色发展等方面优势资源,大力发展特色经济,一心一意发展壮大集体经济,带领村民增收致富。二是党建统领,助推全面发展。金星村始终把党建统领作为推动共同富裕的"总抓手"和"红色引擎",以高质量党建带动金星村全面发展。金星村通过做细做实党员联户、组团联村、两委联格"三联工程",及时了解掌握群众所思所想所求,做到"矛盾不过夜,马上了解,立即处置",村里的气氛十分融洽,实现了70多年来矛盾不出村。三是生态为基,共建美丽金星。金星村始终坚持"村庄变公园、猪舍当工坊、牛栏做咖啡"的绿色发展理念,依靠群众、带领群众开发建设富有金星特色的美丽山水、美丽田园、美丽村庄、美丽庭院,打造了"看得见山、望得见水、留得住乡愁"的生态高地。四是群策群力,实现共同发展。金星村始终坚持"重大事情商量办",每周至少召开一次两委班子会议,讨论研究涉及集体和村民利益的重大事项,村级事务做到科学民主决策。除了自身的发展,金星村注重结对帮扶、导师帮带,主动与其他村结成对子,联合周边村、企、校等7个党组织结成"金色党建联盟",共克难题、共谋发展。

本书主要有以下特色:

一是思想性和针对性强。该书把习近平总书记关于"人人有事做,家家有收入"的重要嘱托贯穿于浙江山区共同富裕的实践进行研究阐述,既有对共同富裕的科学分析和理论解读,又有对浙江山区县实施共同富裕示范区实践的深度剖析和经验提炼。

二是系统性和创新性强。共同富裕是一个内涵丰富、内容充实的体系,是目标与任务的统一体。该书研究涉及金星村经济、政治、文化、社会、生态建设的方方面面,从新中国成立后到现阶段实现共同富裕进行了系统回顾,坚持一张蓝图绘到底,践行习近平总书记"人人有事做,家家有收入"的重要嘱托,取得的新实践与新成就。

三是时代性和历史性强。该书充分展现习近平总书记"人人有事做,家家有收入"重要嘱托的实践过程、典型案例、现实场景,突出实践指导意义,客观分析我国乡村共同富裕建设取得的成效与存在的问题。以金星村为样板,创新性地论述山区共同富裕建设的推进机制、实施途径及经验做法。

　　四是指导性和引领性强。该书主要面向参加党建培训的干部和学员,强调理论学习与能力提升相结合,使用较多案例及分析,注重示范推广性,配以思考题和拓展阅读,加强训练引导,为广大干部和学员提供指导和引领。

　　"百舸争流千帆竞,借海扬帆奋者先。"高质量建设共同富裕示范区正赋予浙江新的期望与使命,金星村为"人人有事做,家家有收入"重要嘱托提供了丰富的实践土壤。全景式、立体式展示浙江山区共同富裕的探索与实践,科学全面总结金星村的经验与做法,对于学深悟透党的共同富裕理论,用习近平新时代中国特色社会主义思想武装全党、教育人民、指导实践具有重大意义。

郭华巍

浙江省社会科学界联合会党组书记、副主席

2022 年 11 月 21 日

前　言 ···················≫≫≫　≫

　　为有效实现党的十九届五中全会提出的"全体人民共同富裕取得更为明显的实质性进展"的蓝图,达成党的第二个百年奋斗目标的历史宏愿,"十四五"规划纲要提出,将支持浙江高质量发展建设共同富裕示范区。浙江省的先行探索实践和经验能为中国特色社会主义共同富裕道路探路,是浙江打造"重要窗口"的责任与担当。

　　金星村位于钱塘江源头开化县,依山傍水、环境优美,先后荣获全国先进基层党组织、全国文明村、全面小康建设示范村、首批全国乡村重点旅游村、中国美丽休闲乡村、浙江省先进基层党组织等荣誉称号。2006 年 8 月 16 日,时任浙江省委书记的习近平到金星村考察调研,在考察结束时嘱托金星村村民:"人人有事做,家家有收入。这就是新农村。"十多年来,金星村始终牢记总书记的嘱托,坚定不移践行"绿水青山就是金山银山"重要理念,一步一个脚印,把生态优势转变为发展优势、富民优势,在发展美丽经济、促进全面提升、建设美丽村庄上狠下功夫,努力打造共同富裕实践样板,走出了一条具有金星特色的高质量乡村振兴之路。

　　本书采用理论与实践、历史与逻辑、数据与案例相结合的方式,将习近平总书记关于共同富裕的相关论述及后续实践,做了一个总体性的回顾和总结。其中,不但系统地描摹了在一个乡村"一张蓝图绘到底"的发展过程,更揭示了共同富裕的理念和实践,如何从一个省域萌发并上升到国家层面的演进逻辑,这将有助于我们完整、准确、全面地理解和把握习近平新时代中国特色社会主义思想体系的相关理论,从而积极主动地投身共同富裕示范区建设的大潮,赢取中国高质量发展、推进现代化的丰硕成果。

　　本书由导语、正文和附录组成。编写组由浙江省重点专业智库(浙江省信息化发展研究院)抽调力量组成,辛金国负责统筹、审核并分别撰写了导语和后记。正文第一章由陈玮、冯雅执笔,第二章由郑军南执笔,第三章由冯雅、辛金国执笔,第四章由陈玮执笔,第五章由刘昱执笔,第六章由金洁执笔。附录为访谈提纲及访谈记录,由郑军南、冯雅撰写访谈提纲,冯雅、郑军南等负责访谈记录的整理,全书由辛金国统稿。

　　在此感谢"开化县金星村样本研究"著作编委会(开化县相关部门及领导)的组织与指导,感谢浙江大学出版社的编辑与校对,感谢编写组团队的辛勤付出。对于本书可能存在的失误和疏漏,我们深表歉意,并会在今后的工作中力求避免。敬请各位读者批评指正。

目 录 >>> >

导　语

　　共同富裕是中华民族千百年来孜孜以求的社会理想,在中国特色社会主义新时代,更是一道关乎国家前途命运、牵动社会神经、顺应时势人心的时代必答题。时代课题总是在不断演化,随着全面建成小康社会的目标实现,中国开启了实现共同富裕的新征程。高质量发展建设共同富裕示范区"落子"浙江,是国家的战略安排,是习近平总书记、党中央赋予浙江的重大政治责任和历史担当。浙江省在地区平衡发展指标、城乡差距指标,以及公共服务、基础设施、富裕程度等方面,都走在全国前列,是一名优势比较明显的"模范生",具备了在全国先行探索高质量发展建设共同富裕示范区,为推进共同富裕提供省域范例的条件。十多年来,金星村始终牢记总书记"人人有事做,家家有收入"的重要嘱托,坚定不移践行"绿水青山就是金山银山"重要理念,一步一个脚印,把生态优势转变为发展优势、富民优势,在发展美丽经济、促进全面提升、建设美丽村庄上狠下功夫,努力打造共同富裕实践样板,走出了一条具有金星特色的高质量乡村振兴之路。

一、缘起

　　金星村位于钱塘江源头开化县的南部,距县城 12 公里,依山傍水,环境优美,交通便利。村域面积 9.6 平方公里,山林面积 11237 亩,耕地面积 1042亩,下辖 6 个自然村,2 个网格,10 个村民小组,合计 396 户,1300 多人。

　　2006 年 8 月 16 日,时任浙江省委书记习近平同志来到金星村考察,亲切地询问郑初一书记金星村村民的收入来源,郑初一书记回答道:"三分之一村民靠外面务工取得收入;三分之一村民靠在本县从事二、三产业取得收入;三分之一村民依靠在本村务农取得收入。"

在村庄公园的千年银杏树下,当看到银杏树根部泥土很多被挖掉,根系裸露在外,生命岌岌可危时,习近平同志指着村庄后门的山说:"这棵树是我们村里的宝贝、象征,我们一定要保护好,不仅仅要保护好这棵古树,还要保护好周边的古树、全县的古树,而且要保护好这一片的青山绿水。"

考察结束时,习近平同志嘱托金星村的干部群众:"你们这个村大有希望,在全省也是有特色的村。金星村村民有三个经济来源:一个是务工,一个是做二、三产业,再一个是发展茶叶。金星村大家都有活干,而且都有比较好的收入。所以,新农村建设一定要把经济搞上去,为群众办实事。"在临上车时,习近平同志对郑初一说道:"这就叫做人人有事做,家家有收入。这就是新农村。"

从那刻起,在此后将近 15 年的时间里,金星村全体村民牢记总书记的嘱托,坚定不移践行"人人有事做,家家有收入",深入实施共同富裕战略,以党建为引领,大力推进经济、社会、生态建设,整个村庄发生了翻天覆地的变化。村集体经济收入从 2006 年的不到 1 万元,发展到 2021 年的 300 万元,村民人均可支配收入由不到 6000 元提高到 36000 元。

金星村先后荣获"全国先进基层党组织""全国文明村""全面小康建设示范村""首批全国乡村重点旅游村""中国美丽休闲乡村""中国淘宝村""浙江省首批村庄绿化示范村""浙江省特色旅游村""浙江省卫生村"等市级以上荣誉近 40 项。金星村已经成为实践习近平新时代共同富裕重要论述的样板和典范。

二、实践经验

1. 规划先行引领共富金星

一张蓝图绘到底,一任接着一任干,金星村以一以贯之的态度热情真抓实干,创造共同富裕的乡村样本。一是准确把握村庄定位,科学制定规划。金星村历来十分重视规划工作,从第一任书记开始,就对村庄进行了整体规划,三张规划图见证了金星村的发展历程。自创建新时代美丽乡村标杆村以来,金星村专门委托浙江工业大学设计与建筑学院和华设设计集团股份有限公司制定了标杆村规划,该设计团队常年为金星村服务,熟悉金星村的基本情况,能够按照金星村的实际进行规划,设计成果彰显了金星村的村庄特色,为建设富有金星特色的美丽山水、美丽田园、美丽村庄、美丽庭院奠定了坚实基础。二是用项目带动共同富裕。金星村坚持一张蓝图绘到底,牢牢把握发展定位,对标先行,跳出金星看金星,高水平、高标准、高质量抓好项目谋划,为打造布局科学、集成融合、开放共享的新时代美丽乡村标杆村打下了坚实基础。通过钱江源党建治理馆、公厕改造、金星村仓坞口及深度台区移位工程、数字乡村提升等项目的顺利实施,为金星村招来了金凤凰,很多村民在家门口就实现了就业,村集体经济收入也由过去的几万元增长到现在的一百多万元。

2. 党建统领赋能共富金星

村民富不富,关键看支部。金星村始终把强化队伍建设摆在首位,推动村两委队伍整体优化提升,打造了一支党性强、能力优、作风硬的党员干部队伍,为推进金星村高质量发展注入了强劲动力。一是优化队伍结构。在镇党委的统一领导下,金星村以村社换届为契机,选优配强村两委班子。换届后,村两委文化程度明显提升,高中以上文化程度达到 7 人,大专以上文化程度达到 5 人,年龄结构也趋于合理,村两委平均年龄比上届年轻 7.4 岁。二是加强制度建设。坚持将管党治党放在首要位置,研究出台了《金星村两委干部考核办法》《金星村党员大会制度》《金星村村干部十条"军规"》等相关制度,全面落实"三会一课"制度,不定期召开支部会,每月 15 号定期召开党员大会。三是完善片区管理。将金星村按照地理位置,划分为 6 个片区,由村两委担任片长、副片长。同时,还根据村两委的个人特长,明确村两委的工作分工,确保事事有人干,事事有人管。通过片区化管理,实现了片长对片区内事务负总责,村两委对分工的事务负直接责任的工作格局。四是组建党建联盟。一个村富不算富,大家富才是真的富,一个村好不算好,大家好才是真的好。除了自身的发展,金星村注重结对帮扶,先富帮后富,积极带动周边村庄发展。2020 年 6 月,金星村主动与其他村结成对子,以金星村为中心,联合周边的华东村、华民村、下溪村、浙江七一电器有限公司、开化县第二人民医院、开化县第三初级中学、华埠供电所、农商银行等 8 家单位的党组织组建了"大金星共富联盟",以"党建联盟"+"利益联盟"为基础,形成"先富带后富、先富帮后富"机制,推动发展共谋、事务共商、资源共享、平台共创、品牌共塑、产业共兴、项目共建、治理共融,迭代升级为"共富联盟",实现资源整合、发展融合,以强带弱、优势互补,最终实现"共兴共荣,共富共强"。

3. 特色产业支撑共富金星

千道理,万道理,发展才是硬道理。金星村充分挖掘红色教育、休闲旅游、绿色发展等方面资源优势,发展特色产业。一是抓实红色教育产业。金星村在全省率先开办乡村振兴讲堂,创新以"专家下堂""百姓上堂""以堂养堂"等为主要内容的"六堂模式",打造了"银杏树下话党恩""总书记的金星情"等红色教育精品课程,大力发展会务经济、培训经济,每年承接各类培训班 200 余批次,为村集体带来稳定的收入。目前,金星村乡村振兴综合体已经建成,钱江源党建治理馆已经正式开馆,讲堂由原来的 1 个增加到现在的 4 个,可承载的培训规模较原先增长 4 倍。近日,金星村还入选了由文化和旅游部、中央宣传部、中央党史和文献研究院、国家发展和改革委员会共同发布的建党百年红色旅游百条精品线路,是衢州市内唯一一个红色景点,为我们后续开展红色教育提供了一个有力的支撑。二是盘活休闲旅游产业。以千年银杏树为中心,金星村发挥地理位置优势,大力发展乡村旅游,鼓励、引导乡贤回归开办农家乐。目前,金星村已成功创建浙江省 3A 级景区村,接下来联动花牵谷景区打造国家 4A 级景区,实现"村+景"共荣。截至目前,全村共发展民宿(农家乐)23 家,其中省级金宿 2 家、银宿 1 家,省等级民宿培育单位 3 家,床位 200 余张,全年吸引远近游客 20 余万人次,带动了 200 多户农户从事乡村旅游。为提升金星村的住宿及餐饮规模,在大草坪地块与浙建投谋划了党建培训中心项目。在产业业态上,金星村引进了吴府竹艺、精品茶楼、开化青瓷、开化砚、开化气糕等文旅新业态。同时建立起"三树金星"品牌,引入"新农售"等电商直播平台打开产品销路。三是坚持发展绿色产业。金星村始终"像保护眼睛一样保护生态",将生态保护列入村规民约,实施绿色产业发展战略。2008年,金星村启动集体林权制度改革,将村集体的近万亩山林承包到户。这一改革举措,极大激发了农户种林积极性,村民像种田一样种山,像种菜一样种树,种好苗护好林。村民们不用外出做事,在家打理好山林就有收入。目前,金星村拥有生态公益林 5765 亩,其中风景林 1000 亩,森林覆盖率达到 89%,常年空气质量优良率在 98%以上。成立茗茶专业合作社,形成"种植、采摘、加工、出售"一条龙产业。目前全村已发展茗茶 1000 多亩,拥有 5 个茶叶加工厂,家家户户都有茶叶,人均增收 1 万余元。如今茗茶已成为金星村民致富的支柱产业。落实习近平总书记指示,积极发展无花果产业,金星村建起无花果种植基地,同时开发出无花果酒、无花果饮料、无花果酵素、无花果香皂等系列产品,把小小的一棵无花果发展成覆盖全省、辐射全国的大产业。

4. 和谐善治护航共富金星

金星村以"基层治理的标杆村"为目标,不断深化党建统领基层治理工作,坚持"小事不出村，大事不出镇，矛盾不上交，就地来化解"。一是坚持干在实处。金星村始终以打造公园的理念打造村庄，邀请专家科学制定村庄建设规划，建设富有金星特色的美丽山水、美丽田园、美丽村庄、美丽庭院。近几年来，金星村先后投入9600余万元用于美丽乡村建设，打好"五水共治、四边三化、三改一拆"的"五四三"组合拳，深化"污水、垃圾、厕所、庭院"四大革命，大力推进村庄环境综合整治提升，先后实施休闲公园、环村江滨绿色休闲长廊、休闲古埠头、村口公园、香樟大道、银杏大道等一批重点项目，将金星村打造成为"望得见山、看得见水、记得住乡愁"的美丽新农村。在推进村项目建设中，两委干部始终冲在一线、干在一线。干部干在实处，老百姓看在心里。二是坚持发扬民主。金星村始终坚持"重大事情商量办"，每周至少召开一次两委班子会议，讨论研究涉及集体和村民利益的重大事项，村级事务做到科学民主决策。每月召开群众民主议事会，将村两委工作计划、项目安排等事项提交会议讨论决定，在村级事务管理中汇聚群众智慧。同时，党务、村务、财务等严格按照规范程序定期公开，接受群众监督。三是坚持畅通民情。做实党员联户制度，及时了解掌握群众所思所想所求，做到群众家事联系党员心中有数，遇邻里纠纷、突发事件等，第一时间赶到现场处置，做到"矛盾不过夜，马上了解，立即处置"。用好"初一党代表工作室"，建立来访接待、服务承诺、回复反馈等制度，共接待来访来信群众2000多人次，解决各类矛盾纠纷200多起。四是密切党群关系。通过做细做实党员联户、组团联村、两委联格"三联工程"，建立党员联户"赋权增效"机制，始终把群众的事当成自己的事，村两委用心为群众办实事，党员在急难险重面前，冲在一线，舍小家为大家。他们的为民情怀、务实作风感动了群众，赢得了民心。有了群众的支持，村里各项工作顺利推进。在"大干三个月、环境大提升"行动中，金星村不到一个月就完成全村拆改工作，用半天时间完成了原本计划半年完成的86亩"百里黄金水岸线"金星段项目征地，创造了"金星速度"。五是坚持均衡发展。近年来，金星村党支部问计于民，走村入户，在各个自然村相继实行了环境整治、基础设施提升等一系列工程项目，相比往年，现在毛家坎、下村坞等自然村已经旧貌换新颜，老百姓获得感显著提高，各个自然村在共同富裕的道路上均衡发展、稳步前进。

三、启示

金星村通过十几年来不懈的努力，在习近平新时代共同富裕重要论述指引下，从一个普通山区村，慢慢变成了远近闻名的共同富裕示范村，走出了一条产业兴、百姓富、生态美的可持续发展之路,新农村共同富裕在金星村变成了现实,已成为习近平新时代共同富裕重要论述的独特实践样本。

金星村在改革开放以来,特别是2005年以来的乡村治理探索实践中,走出了一条党建引领乡村治理,实现乡村振兴的新路子。一方面,坚持党建引领。突出政治功能,以"德行立村"为抓手,念好"道德经",把社会主义核心价值观融入农村社会发展的各个方面;另一方面,努力转变农民的情感认识和行为习惯,并有机嵌入自治、法治、德治三位一体的乡村治理新机制中,孕育出"文明乡风、和谐家风、淳朴民风",焕发了乡村文明新气象。金星村走出的党建引领乡村治理的乡村振兴新路子,以"德行立村"为抓手,切中肯綮,经验可复制、可推广。

其一,打造善治乡村、形成共建共治共享的乡村共富格局,必须始终坚持村党组织的坚强领导。办好农村的事情,实现乡村振兴和共同富裕,关键在党。围绕习近平同志提出的"农业强、农村美、农民富"的新要求,金星村党支部始终贯彻党建促发展、促改革、促和谐的核心理念,努力将党建工作抓具体、抓深入。村党组织发挥战斗堡垒作用,踏实带领农民科学致富,密切关心群众生活,牢牢维护农村稳定。一方面,推行"干部带党员、党员带村民、一级做给一级看"的制度理念,走出了一条"党建引领、德行立村、网格治理"的新路子,涵育出"文明乡风、和谐家风、淳朴民风"的硕果;另一方面,金星村党组织敢于担当、不畏矛盾、直面问题,推行"德行立村",全面提升农民精神面貌,坚持物质文明和精神文明一起抓,遵循村级重大事项决策"四议两公开一监督"的要求探索实施村级事务民主协商机制,通过"议什么、谁来议、怎么议、议得怎么样"四个步骤,形成了"村民的事情由自己当家作主"的良好局面,培养村民的"主人翁"意识,调动了他们的积极性。实行村级重大事务决议内容公开和实施结果公开,决议实施全过程要自觉接受党员、村民的监督,做到村内管理公开、公正,将党员、村民紧密团结在党组织周围,充分发挥党组织的核心带头作用,全村上下凝心聚力专注发展。

其二,打造善治乡村、形成共建共治共享的乡村共富格局,必须始终坚持以人民为中心。乡村振兴,农民是主体,必须充分尊重农民意愿,切实发挥他们在实现乡村振兴和共同富裕中的主体作用,不断提升农民的获得感、幸福感与安全感。如金星村从2011年起就启动了村干部民主测评以及村民需求公开征集,推动党员干部自觉履职尽责,把村民需求放在最高位置。再如,线上线下同时推进和应用"微网格"治理模式,扩大组织服务网覆盖面。依托网格群组获取信息，只要村民碰到难事、大事，村干部无论在哪里，都会在第一时间赶到现场。让"民意浮上来，干部沉下去"，以"便利"为宗旨，将服务延伸到村民家门口。长此以往，村干部得到了村民的认可、信赖和尊重，最终促成了金星村崇德向善、人人奉献的村风村貌，为发展提供了良好的外部环境。

其三，打造善治乡村、形成共建共治共享的乡村共富格局，必须始终坚持社会治理方法的灵活创新。乡村与城市不同，作为一种低密度的聚落形式，它是承载特定文化景观、独特生活方式的空间载体，兼具"熟人社会"或"半熟人社会"的特征。因此，想要形成共建共治共享的乡村共富格局，既要善于运用现代治理的理念和方式，更要注重发挥农村传统治理资源的作用。金星村坚持从客观实际出发，不形式、不绝对、不刻板、不折腾，以"德行立村"总目标为引领，把党建工作渗透其中，采取符合农村特点的有效方式，念好"道德经"。如金星村在2012年创造性设立"品行银行"率先探索德行评议、品行信贷等举措之后，又在2015年设立"道德杯"奖项，使之成为村民荣誉的象征。再如，在"微网格"治理模式实践中，不仅"微网格"划分灵活机动，还在选任"网格长"时注重道德品行，坚持发挥先进示范作用，充分调动骨干党员、村民代表的积极性，由此延伸了"村两委"的工作范围。

"世易则时移，时移则备变。"通过金星村这一创新共同富裕发展的样板，可以直观地感受到改革开放40余年，从乡镇民营经济蓬勃发展带领乡村"裂变"，到2003年"千村示范、万村整治"工程促使乡村"蜕变"，再到当前城乡融合发展、各美其美的"聚变"，以及新时代深化改革助力乡村振兴的"脉动"，和实现乡村共同富裕的伟大使命。浙江未来，值得期待！

坚持以人民为中心的发展思想,在高质量发展中促进共同富裕,正确处理效率和公平的关系,构建初次分配、再分配、三次分配协调配套的基础性制度安排,加大税收、社保、转移支付等调节力度并提高精准性,扩大中等收入群体比重,增加低收入群体收入,合理调节高收入,取缔非法收入,形成中间大、两头小的橄榄型分配结构,促进社会公平正义,促进人的全面发展,使全体人民朝着共同富裕目标扎实迈进。

——摘自习近平总书记在《求是》杂志发表的重要理论文章《扎实推动共同富裕》,2021 年 10 月 16 日

第一章　追根溯源：共同富裕的理论探索与实践

▓本章要点

1. 系统梳理共同富裕思想理论在我国的发展脉络，毛泽东强调社会的公平正义；邓小平提出了"先富带动后富"，最终实现共同富裕的伟大构想；江泽民指出要兼顾效率与公平；胡锦涛强调要以人为本，科学发展，更加注重社会公平；习近平总书记提出坚持以人民为中心的发展思想，在高质量发展中促进共同富裕，正确处理效率和公平的关系。

2. 从学理上揭示共同富裕的深刻内涵与理论逻辑。我国共同富裕思想一是强调"共同"，即我们追求的富裕社会不是少数人的富足，而是全体人民的共富；二是强调"富裕"，即国家实力显著增强，社会财富不断增加，人民生活质量不断提升，人民群众享有更高级别的获得感、幸福感和安全感。富裕是推进共同富裕的基础，共同是对富裕性质的界定。

3. "人人有事做，家家有收入"阐明了山区县共同富裕的核心要义，突出了发展机会均等和发展成果共享的共同富裕理念和实现机制，同时也生动形象地说明了共同富裕是全体人民通过辛勤劳动和相互帮助，普遍达到生活富裕富足、精神自信自强，从而实现人的全面发展、获得幸福美好生活。

4. 新中国成立后，党和国家推行了一系列新政策，其中土地改革运动、农业合作化运动等对新中国成立初期的乡村发展产生了重要的影响，不仅有助于国家对乡村社会的控制，维持广大乡村社会的稳定，还通过消灭封建剥削制度达到消除贫富差距，实行生产资料私有制的社会主义改造，提高公有化程度等方式为实现乡村共同富裕创造条件。

5.改革开放为乡村共同富裕提供了动力保障。通过实行家庭联产承包责任制,改革分配制度,鼓励农村发展多种经营,创新公有制实现形式等方式走出了一条先富带后富的共同富裕道路。

6.共同富裕的重点在乡村,难点也在乡村。我国正处于正确处理工农关系、城乡关系的历史关口,提出乡村振兴战略就是为了从全局和战略高度来把握和处理工农关系、城乡关系。实现共同富裕是社会主义的本质要求,而要实现共同富裕,乡村振兴是必经之路。

第一节　共同富裕思想的演变

共同富裕的实现不是一蹴而就的。我国由最初的理想愿望到如今付诸实践,经历了一条从无到有、从片面理解到深化认识、从解决贫困到追求共富、从低级向高级演进的艰难探索之路。

特别是新中国的建立和中国特色社会主义的实践,使得共同富裕不再是一种遥不可及的愿望,而是摆在眼前、经过努力完全可以实现的蓝图。一部分地区和人民通过艰苦奋斗并借助自然资源、地理位置、政策、技术等优势已经率先富裕起来了,在一定区域范围内探索出了共同富裕的体制机制和制度安排,并结合各地的实际情况构建了以物质富、精神好、环境美、风气正、社会文明、人人向上向善为主要特征的共同富裕社会,涌现出了以苏南模式、华西模式和浙江模式等为代表的共同富裕建设方案。

正因为如此,我国"十四五"规划确立浙江省作为高质量发展建设共同富裕示范区,鼓励浙江在共同富裕的理论、体制机制、模式等方面探索创新,为实现全国共同富裕积累经验。

一、我国古代共同富裕思想溯源

早在春秋战国时期,孔子就曾提出过"大同思想"。《礼记·礼运》大同篇中提到"大道之行也,天下为公,选贤与能,讲信修睦,故人不独亲其亲,不独子其子,使老有所终,壮有所用,幼有所长,鳏寡孤独废疾者皆有所养;男有分,女有归,货恶其弃于地也不必藏于己,力恶其不出于身也不必为己,是故谋闭而不兴,盗窃乱贼而不作,故外户而不闭,是谓大同"。"大同思想"可谓是中国的共同富裕思想的理论雏形。

到了唐朝末年,王仙芝自称天补平均大将军,发出文告,揭露朝廷官吏造成贫富不平的罪恶,首次提出"平均"思想;北宋初期,李顺明确强调"吾疾贫富不均,今为汝均之";南宋时期,钟相提出"法分贵贱贫富,非善法也。我行法,当等贵贱,均贫富";元朝时期,红巾军韩山童和刘福通起义,"摧富益贫、杀尽不平";明朝末年,李自成提出"均田免赋";清朝时期,太平天国颁布《天朝田亩制度》,提出"无处不均匀,无人不保暖";在近代,康有为在《大同书》中更是从物质和精神文明、财产公有、人人平等等方面构建了理想社会的愿景,并且特别强调以"公养""公教""公恤"为代表的社会福利在"大同"社会中的地位。辛亥革命前后,孙中山从国外现代资本主义社会发展和中国社会发展道路的认识出发,提出了"三民主义",经历了从资本主义思路解决民生问题到打破与资本主义制度的联系、寻求社会主义解决路径的发展历程,明确了大同目标的内涵"民生主义就是社会主义,又名共产主义即是大同主义"[①]。

以上这些思想,重点均在平均或共同上,而不是在富裕上。正如孔子在《论语·季氏》第十六篇中指出:"闻有国有家者,不患寡而患不均,不患贫而患不安。盖均无贫,和无寡,安无倾。"由此可见,共同富裕思想深深根植于中华民族传统文化中。

二、马克思主义共同富裕思想的中国化

马克思和恩格斯运用历史唯物主义分析方法论证了人类社会变迁过程并提出了人的全面发展理论,认为人的全面发展必须建立在生产资料公有制和按劳分配基础之上。马克思和恩格斯关于人的全面发展理论为共同富裕提供了理论基础和指导思想。中国共产党在继承马克思主义关于人的全面发展和共同富裕理论与思想的基础上,始终把实现全体人民共同富裕作为执政目标和奋斗方向,并根据中国实际情况在共同富裕的道路上不断探索,可以说中国共产党是在理论和实践两个层面对马克思主义共同富裕和人的全面发展思想进行了创新和发展。

---

① 《中国社会思想史》编写组. 中国社会思想史[M]. 北京:高等教育出版社,2021.

1.毛泽东思想与共同富裕

新中国成立,社会主义制度的建立,为实现共同富裕奠定了根本政治前提和制度基础。1953年12月,毛泽东主持制定的《中共中央关于发展农业生产合作社的决议》首次提出共同富裕概念,"……使农民能够逐步完全摆脱贫困的状况而取得共同富裕和普遍繁荣的生活。"他指出:社会主义道路、农业合作化是实现共同富裕的必然之路,必须大力发展社会主义生产力和坚持按劳分配的原则,同时要防止两极分化。

毛泽东曾说:"我们实行这么一种制度,这么一种计划,是可以一年一年走向更富更强的,一年一年可以看到更富更强些。而这个富,是共同的富,这个强,是共同的强,大家都有份。"[①]毛泽东的共同富裕思想可以简要概括为全体人民都能享有的公平机会与权利;共同富裕意味着集体致富,哪怕实现目标的期限拉长,也不允许一部分人先富,尤其要遏制个人"单干"致富。

2.邓小平理论与共同富裕

邓小平继承和发展毛泽东的共同富裕思想,认为共同富裕是社会主义的本质要求,明确指出:"社会主义的本质,是解放生产力,发展生产力,消灭剥削,消除两极分化,最终达到共同富裕。"[②]

他肯定了物质利益追求的正当性,指出"致富不是罪过""贫穷不是社会主义"。同时特别强调共同富裕不是同步富裕,也不是同时、同等富裕,而是有差别的富裕,因此提出了"先富—后富—共富"、"两个大局"和"三步走"等战略构想。他还强调实现共同富裕必须大力发展生产力和坚持按劳分配原则,必须走社会主义市场经济道路,必须坚持"效率优先,兼顾公平",并指出科学技术是第一生产力。由此可见,邓小平的治国理念是共同富裕,具体途径是先富带动后富,最后形成共同富裕。

邓小平关于共同富裕的系列论述,是马克思主义与中国实际相结合的创新理论,奠定了我国迈向共同富裕社会总的基调。

3."三个代表"重要思想与共同富裕

江泽民在邓小平关于共同富裕理论的基础上,进一步提出了"三个代表"

---

① 中共中央文献研究室.毛泽东文集:第六卷[M].北京:人民出版社,1999:495.
② 邓小平文选:第三卷[M].北京:人民出版社,1993:373.

重要思想,强调指出:"实现共同富裕是社会主义的根本原则和本质特征,绝不能动摇。"①

江泽民指出,实现共同富裕必须以发展为前提条件,发展的结果是社会全面进步,同时强调共同富裕不仅是物质上的富裕,还包括精神上的富裕,必须大力加强社会主义精神文明建设。

在实现共同富裕的路径上,他继承并发展了"效率优先,兼顾公平"思想;在预防贫富差距问题上,他提出要加强宏观调控,健全社会保障体系,防止两极分化;在协调区域发展上,他提出了西部大开发战略;在发展模式上,他提出了"新三步走"战略。

4.科学发展观与共同富裕

2003 年,以胡锦涛同志为核心的党中央,总结国内外经验,在毛泽东思想、邓小平理论和"三个代表"重要思想的基础上又提出了科学发展观这一重大理论,极大地丰富了共同富裕的内涵。胡锦涛指出:"使全体人民共享改革发展的成果,使全体人民朝着共同富裕的方向稳步前进。"②

胡锦涛强调,共同富裕要以人为本,实现人的全面发展;要以全面发展为前提,实现政治、经济、文化、社会的全面发展;要以全民共享为导向,最终由人民共享发展成果;要以协调发展为基础,强调实现城乡之间、区域之间、经济社会之间、人与自然之间的协调共进。

5.习近平新时代中国特色社会主义思想与共同富裕

以习近平同志为核心的党中央高度重视我国发展不平衡不充分问题,将推动全体人民共同富裕放在更加重要的位置。通过实施精准扶贫,解决了困扰中华民族数千年的绝对贫困问题,为共同富裕奠定了坚实的物质基础。

2012 年 11 月 8 日党的十八大后,习近平总书记提出了中国梦与"四个全面"的伟大期许,既是对全体民众实现共同富裕凤愿的庄重承诺,也是毛泽东思想、邓小平理论、"三个代表"重要思想、科学发展观等一系列伟大思想的一脉相承与凝练升华,是为中国特色社会主义建设谱写的新华章。习近平总书

---

① 浙江省习近平新时代中国特色社会主义思想研究中心. 促进全体人民共同富裕[N]. 人民日报,2012-3-14.

② 浙江省习近平新时代中国特色社会主义思想研究中心. 促进全体人民共同富裕[N]. 人民日报,2012-3-14.

记的共同富裕思想就蕴含在中国梦与"四个全面"思想精髓之中。中国梦意为国家富强、民族振兴、人民幸福。显而易见,中国梦的实现就是中华民族实现共同富裕的最好写照,而"四个全面"的决策部署为实现中国梦铺就了一条实践路径,为实现中国梦接了地气。全面建成小康社会为实现中国梦夯实了经济基础;全面深化改革为实现中国梦夯实了物质文化基础;全面依法治国为实现中国梦夯实了法制基础;全面从严治党为实现中国梦奠定了良好的政治基础。总而言之,"四个全面"战略规划是中国共产党治理国家,积极推进社会发展的核心思想,彰显出习近平同志为核心的新一届中央领导集体对祖国未来发展的美好向往,对现阶段社会发展中暴露出来的问题的精确把握,以及对执政过程中积累的经验的深刻反思。坚决落实"四个全面"战略规划,以全面建成小康社会为重要战略目标,凝聚全社会的力量,不断深化创新与改革,为社会发展注入活力,坚决落实全面依法治国和全面从严治党,只有这样,中华民族伟大复兴的中国梦才能早日实现,亿万中华儿女共同富裕的美好愿望才能最终得以实现。

2014 年 12 月,习近平总书记在江苏省调研考察时,把上述几点综合起来,首次提出"四个全面"思想。"四个全面"思想的具体内容为:全面建成小康社会、全面深化改革、全面依法治国、全面从严治党。2015 年 2 月,习近平总书记出席省部级主要领导干部专题研讨班,提出:"十八大胜利召开以来,党中央高瞻远瞩,坚决落实中国特色社会主义发展思想,综合考虑我国的实际国情,制定相应的战略规划,坚决落实'四个全面'发展战略。战略布局中不仅仅涵盖战略目标,同样涵盖战略举措,每项规划均有极其重要的战略意义。全面建成小康社会是中国共产党的战略目标,而全面深化改革、全面依法治国、全面从严治党是重要的战略措施。"①习近平总书记将该理论全面升华,详细阐述了"四个全面"战略规划,进而揭示出"四个全面"的逻辑关系,更好地促进"四个全面"的落实。"全面建成小康社会"是对改革开放以来"共同富裕"思想的坚守。

2015 年 11 月,习近平总书记组织中共中央政治局第二十八次集体学习,他在主持会议时进一步指出:"要坚持以人民为中心的发展思想,这是马克思主义政治经济学的根本立场。要坚持把增进人民福祉、促进人的全面发展、朝

① 习近平在省部级主要领导干部专题研讨班上发表讲话 李克强主持开班式[EB/OL]. (2015-02-02)[2023-1-5]. http://www.gov.cn/xinwen/2015-02/02/content_2813544.htm.

着共同富裕方向稳步前进作为经济发展的出发点和落脚点，部署经济工作、制定经济政策、推动经济发展都要牢牢坚持这个根本立场。"[①]习近平总书记强调指出："我们的人民热爱生活，期盼有更好的教育、更稳定的工作、更满意的收入、更可靠的社会保障、更高水平的医疗卫生服务、更舒适的居住条件、更优美的环境，期盼着孩子们能成长得更好、工作得更好、生活得更好。人民对美好生活的向往，就是我们的奋斗目标。"[②]习近平总书记对"共同富裕"这一历史命题的进一步深化，并为"共同富裕"思想添加了与时俱进的时代底色。

2017 年 1 月，习近平总书记在河北张家口看望慰问基层干部群众时指出，"消除贫困、改善民生、实现共同富裕，是社会主义本质要求，是我们党矢志不渝的奋斗目标。打好脱贫攻坚战，是全面建成小康社会的底线任务"[③]。2019 年 4 月，习近平总书记在重庆考察石柱土家族自治县脱贫攻坚工作情况时指出，"发展才是社会主义，发展必须致力于共同富裕。国家越发展，越要把贫困群众基本生活保障好"[④]。2021 年 1 月，习近平总书记在省部级主要领导干部学习贯彻党的十九届五中全会精神专题研讨班开班式上再次强调："实现共同富裕不仅是经济问题，而且是关系党的执政基础的重大政治问题。要统筹考虑需要和可能，按照经济社会发展规律循序渐进，自觉主动解决地区差距、城乡差距、收入差距等问题，不断增强人民群众获得感、幸福感、安全感。"[⑤]2021 年 8 月，习近平总书记在中央财经委员会第十次会议上指出，共同富裕是社会主义的本质要求，是中国式现代化的重要特征，要坚持以人民为中心的发展思想，在高质量发展中促进共同富裕。2022 年 10 月 16 日，习近平总书记在中共第二十次全国代表大会上作报告时再次强调："中国式现代化是全体人民共同富裕的现代化。共同富裕是中国特色社会主义的本质要求，也是一个长期的历史过程。我们坚持把实现人民对美好生活的向往作为现代化

---

① 习近平：立足我国国情和我国发展实践 发展当代中国马克思主义政治经济学[EB/OL]. (2015-11-24)[2023-1-5]. http://www.gov.cn/xinwen/2015/11/24/content_2971709.htm.

② 习近平. 习近平谈治国理政. 北京：外文出版社，2014：4.

③ 情暖燕赵春潮涌——习近平总书记春节前夕在张家口看望慰问基层干部群众回访. [EB/OL]. (2017-01-27)[2023-1-5]. http://cpc.people.com.cn/big5/n1/2017/0127/c64387-29051610.html.

④ 习近平总书记谈共同富裕[EB/OL](2021-02-02)[2023-1-5]. https://baijiahao.baidu.com/s?id=1690563216521407578&wfr=spider&for=pc.

⑤ 习近平总书记谈共同富裕[EB/OL](2021-02-02)[2023-1-5]. https://baijiahao.baidu.com/s?id=1690563216521407578&wfr=spider&for=pc.

建设的出发点和落脚点,着力维护和促进社会公平正义,着力促进全体人民共同富裕,坚决防止两极分化。"①

习近平总书记关于共同富裕的系列论述,坚持"以人民为中心的根本立场",强调让发展成果更多更公平地惠及全体人民;坚持以中国问题为根本导向,强调立足本国国情,将共同富裕作为一项长期任务和现实任务;坚持共享发展理念,推动构建人类命运共同体。

由此可见,共同富裕思想在中国有着悠久的历史积淀和坚实的群众基础,尤其是在中国共产党的正确领导下,我们比历史上任何时候都要更加接近实现共同富裕。改革开放以来涌现出来的以集体经济为特征的苏南模式和以民营经济为特征的浙江模式,都为我国探索共同富裕之路提供了宝贵的经验。

第二节　共同富裕的深刻内涵

关于共同富裕的内涵,《中共中央　国务院关于支持浙江高质量发展建设共同富裕示范区的意见》指出,共同富裕具有鲜明的时代特征和中国特色,是全体人民通过辛勤劳动和相互帮助,普遍达到生活富裕富足、精神自信自强、环境宜居宜业、社会和谐和睦、公共服务普及普惠,实现人的全面发展和社会全面进步,共享改革发展成果和幸福美好生活。

为了科学有效推动共同富裕,有必要进一步从学理上揭示共同富裕的理论逻辑和价值取向。回顾共同富裕思想在我国的演变,它具有两个鲜明的特征:一是强调"共同",即我们追求的富裕社会不是少数人的富足,而是全体人民共同富裕;二是强调"富裕",即国家实力显著增强,社会财富不断增加,人民生活质量不断提升,人民群众享有更高级别的获得感、幸福感和安全感。因此,科学认识"共同"与"富裕"的各自内涵及其相互关系,成为从学理上揭示共同富裕理论逻辑和价值取向的基础性工作。

一、"共同"的内涵

"共同富裕"中的"共同"具有两种属性:一种是作为动词,强调过程的"共

---

① 习近平.高举中国特色社会主义伟大旗帜 为全面建设社会主义现代化国家而团结奋斗——在中国共产党第二十次全国代表大会上的报告[J].中华人民共和国国务院公报,2022,1785(30):427.

同"，一种是作为名词，强调结果状态的"共同"。

1. 强调过程的"共同"

从动词角度看，"共同"强调的是一个过程。

首先，它是一个共同奋斗的过程。这个过程是把蛋糕做大的过程，因此必须由全体人民一起通过辛勤劳动、艰苦奋斗来实现，等、靠、要是实现不了共同富裕的，简单的经济救济和物质帮扶是不可持续的。因此，必须建立全体人民都能共同参与的共同富裕机制，特别是要进一步完善教育、培训、就业、社会保障等机制。

其次，它是一个从低到高、从局部到全面的螺旋式上升的过程。当前我国居民生活水平显著提高，物质财富有了较为明显的积累，社会主要矛盾也发生了根本性转变，但是城乡之间、区域之间、收入之间的不平衡问题依然严重，发展不充分问题依然突出，所以共同富裕不可能迅速在全国铺开，必须经历由低到高、由局部到全面的发展过程。

再次，它是由物质富裕向其他领域延伸扩展的过程。共同富裕不仅仅是物质生活越来越丰富的过程，也是法治越来越公正、精神越来越富有、社会公共服务越来越完备、生态环境越来越优美的过程，是经济建设、政治建设、文化建设、社会建设、生态文明建设"五位一体"共同推进的过程。

最后，它是永无止境的过程。共同富裕只有相对标准，没有绝对标准，经过努力达到的一定程度的共同富裕，将是我们追求更高层次共同富裕的新的起点。因此对共同富裕的追求只有进行时没有完成时。

2. 强调结果状态的"共同"

从名词角度看，"共同"强调的是一种结果状态。

首先，它是一种全体人民共同分享、共同拥有富裕成果的状态。这种状态是通过三次分配来实现的，是基于总体来体现的；同时，它不仅指物质富裕，也包括政治、文化、社会、生态等各个方面的全面进步及其带来的人的全面发展，是一个综合性的状态。

其次，它是每一个人、每一个地区、每一个行业都达到的有差异化的普遍富裕状态。这种状态强调富裕社会所涵盖的范围必须足够广，改革发展成果能够惠及全体人民，共同富裕路上一个都不都能少。

再次，它不是一种同时富裕、同等富裕、同步富裕的状态。我们强调的共同富裕是在一定的历史条件下，在允许存在一定范围差距的基础上，全体人民在各个方面都达到了某一标准的富裕。很显然,大家在共同富裕的道路上有快有慢、有先有后,如果一味强调同时、同步、同等富裕,其后果只是共同贫穷。

二、"富裕"的内涵

"富裕",顾名思义就是充足。从最初的纯经济范畴到物质富裕、精神富裕二维共富论,再到政治、经济、文化、社会、生态文明"五位一体"的共同富裕,"富裕"的外延不断拓展。

1."富裕"是综合国力强

综合国力强弱决定着居民生活水平的高低和人民美好生活需求的实现程度,如果综合国力不强,即科技、制造业、军事、教育、文化甚至农业等都比较落后,国内外环境不稳定,那么经济就不可能持续高质量发展,共同富裕就缺乏经济基础和物质保障。所以,共同富裕必须以整个国家的硬实力提升和软实力增强为前提。

2."富裕"是整体富裕

"富裕"体现为经济、政治、文化、社会、生态文明"五位一体"整体达到较高水平。物质富裕是共同富裕的经济基础,没有物质上的共同富裕就算不上真正的富裕,如果人民群众连吃穿住用行等基本物质需要都不能得到很好满足,那么就不可能去追求精神文化上的进步和自我的全面发展;但同时,共同富裕也不仅仅是物质层面的富裕,它还包括政治生态良好,精神生活丰富,社会风气文明,生态环境美好,最终表现为人的全面发展。

3."富裕"是可持续的富裕

"富裕"体现为可持续、可维护的国家繁荣和人民幸福,它以不损害后世发展为前提。我们不能以牺牲未来发展潜能为代价来实现短暂的富裕,昙花一现式的富裕不是真正的富裕。我们必须坚持走环境友好型、资源节约型发展道路,不断推动生产方式变革和产业结构升级,筑牢后世可持续发展的根基,守牢后世可持续共同富裕的底线。

4."富裕"是相对富裕

"富裕"体现为与一定生产力水平和生产关系相对应的存在状态。富裕没有绝对标准,只有相对标准,这个标准就是生产力充分发展、生产关系良好和谐基础上的安居乐业、国强民富,也就是比较好地解决了不平衡不充分发展这个社会主要矛盾的主要方面以后所实现的人民美好生活状态。

三、"共同"与"富裕"的相互关系

1. 富裕是推进共同富裕的基础

推动共同富裕,必须发展生产力、解放生产力和保护生产力。在社会主义经济制度下,富裕对生产力的发展水平提出了更高要求,因为社会主义经济制度是优越于资本主义经济制度的更高形态的制度形式,更有利于生产力的发展。这主要体现在以下几方面。

第一,社会主义社会必须使生产力的发展水平超越发达国家。马克思主义经典作家设想的社会主义社会是在资本主义达到的最高生产力水平上建立起来的,马克思还要求无产阶级在取得政权后,首要任务是迅速增加生产力的总量。这意味着,马克思设想的社会主义社会所需要的生产力水平,必须超越资本主义制度下所能达到的最高水平,以彰显社会主义经济制度的优越性。因此,社会主义实现共同富裕最终目标所要达到的富裕,是生产力发展水平超越资本主义国家的富裕。

第二,社会主义社会必须使生产力的发展速度快于资本主义发达国家。我国是在落后生产力基础上建立起的社会主义经济制度,其生产力发展水平要赶超资本主义发达国家,就必须创造出比发达国家更快的经济增长速度。改革开放以来,我国迅速成为世界第二大经济体,验证了只有社会主义才能发展中国。全面建设社会主义现代化,需要在高质量发展中推动质量变革、效率变革、动力变革,保持国民经济持续、稳定、健康快速发展,创造新的经济发展奇迹。

第三,社会主义社会必须使生产力的发展效率高于发达国家。提高生产力发展的效率,关键要把创新置于现代化建设全局的核心位置,使科技自立自强成为生产力发展的战略支撑。在西方发达国家的技术遏制下,我国只有构建国家创新体系,加快自主创新,进入创新国家前列,把关键核心技术牢牢掌握在自己手里,才能在全球竞争中全面塑造发展新优势,赢得发展主动权。

以上要求决定了我国推进共同富裕必然是一项长期艰巨的伟大工程。为了更加有效地推动共同富裕,必须始终坚持以经济建设为中心,坚持发展是执政兴国的第一要务,坚持高质量发展,把生产力发展水平不断推到新的高度,把共同富裕的蛋糕做得更大、更好。

2.共同是对富裕性质的界定

贫穷不是社会主义,两极分化也不是社会主义,只有共同的富裕才是社会主义。因此,"共同"界定了富裕的社会性质,属于社会主义生产关系的范畴,是对共享发展理念的全面贯彻落实,具体体现在以下几方面。

第一,实现全民共享。共同富裕是所有的人一个都不能少的富裕,这就决定了我们所要实现的不是两极分化的富裕,不是少数人和个别地区的富裕,而是包括每个人的全体人民的富裕。虽然在推进共同富裕进程中,允许一部分人和一部分地区先富起来,但这是为了让先富带动后富,先富帮助后富,最终实现共同富裕。因此,允许一部分人和一部分地区先富起来,是实现共同富裕的必经过程和必要手段。

第二,实现全面共享。共同富裕不仅包括衣食住行等物质上的富裕,还包括文化、娱乐等精神上的富裕,追求的是人的全面发展。这就决定了我们所要实现的共同富裕是全面的富裕,是解决了人民日益增长的美好生活的需要和不平衡不充分发展之间矛盾的富裕。

第三,实现共建共享。共同富裕中的"共同",是指所有人参与社会主义现代化建设,并在建设进程中依据社会主义基本分配制度对发展成果进行共享。这就决定了一方面要通过体制机制创新,让一切创造财富的源泉充分涌流,并不断完善公平分配机制;另一方面要按照多劳多得、不劳不得、按贡献分配的原则,允许富裕存在先后差别和合理差距。

上述要求决定了我国在推进共同富裕进程中,要始终坚持以人民为中心的发展思想,把实现好、维护好、发展好最广大人民根本利益作为发展的出发点和落脚点;坚持和完善社会主义基本经济制度,把基本经济制度的巨大优势更好转化为治理效能;坚持把实施扩大内需战略同深化供给侧结构性改革有机结合起来,着力解决人民日益增长的美好生活需要和不平衡不充分发展之间的矛盾。

3."共同"与"富裕"的相互关系及其运动规律

根据以上分析,"富裕"属于生产力范畴,"共同"则属于生产关系范畴,因此,共同与富裕之间的关系就是生产力与生产关系的相互关系。[①] 习近平总书记在中央财经委员会第十次会议上强调,"共同富裕是社会主义的本质要

---

① 周文,施炫伶. 共同富裕的内涵特征与实践路径[J]. 政治经济学评论,2022,13(3):3-23.

求，是中国式现代化的重要特征"①，深刻揭示了共同富裕所包含的生产力和生产关系之间的关系。具体体现在如下几方面。

第一，社会主义的本质就包含生产力和生产关系两个方面。邓小平同志指出："社会主义的本质，是解放生产力，发展生产力，消灭剥削，消除两极分化，最终达到共同富裕。"②共同富裕包括生产力和生产关系两个方面，二者缺一不可。离开了富裕的共同与离开了共同的富裕，都不是社会主义。马克思在《资本论》中揭示的资本主义基本矛盾造成的财富和贫困在两端的积累，导致了资本主义的必然灭亡。皮凯蒂的《21世纪资本论》运用大量数据证明，自由市场经济必然导致收入分配不平等、贫富差距拉大。从历史数据看，1929—1933年资本主义经济大危机和2008年国际金融危机，恰恰都是在美国的收入差距达到高峰的年份发生的。

第二，中国式现代化也包含生产力和生产关系两个方面。就一般意义而言，现代化就是生产力发展到一定水平的标志。如我国确定的2035年发展目标要求人均国内生产总值达到中等发达国家水平，这表明我国实现的现代化是遵循了国际社会一般标准的现代化，是经得起世界检验和认可的现代化。就中国式或社会主义现代化而言，现代化被赋予了特定的社会主义性质，具有了生产关系的特征，如我国的现代化建设在理论、制度、目标、道路、方法等方面都不同于西方发达国家，形成了中国特色的现代化理论和道路，为世界上其他发展中国家实现现代化提供了可资借鉴的中国方案。

共同富裕包含生产力和生产关系两个方面，决定了在推进共同富裕的进程中，必须统筹实现生产力和生产关系两方面的协调发展，实现富裕和共同之间的平衡以及相互促进。

习近平总书记在庆祝中国共产党成立100周年大会上的讲话中，把"推动人的全面发展、全体人民共同富裕取得更为明显的实质性进展"③，放在践行以人民为中心的发展思想中。他在中央财经委员会第十次会议上提出的"坚持以人民为中心的发展思想，在高质量发展中促进共同富裕"，仍然把共同富裕与以人民为中心的发展思想联系在一起。因此，决不能把共同富裕仅理解

---

① 共同富裕是中国式现代化的重要特征[EB/OL].（2021-10-12）[2023-1-5]. http://baijiahao.baidu.com/s? id=1713360820432142854&wfr=spider&for=pc.

② 邓小平文选：第三卷[M].北京：人民出版社，1993：373.

③ 习近平.在庆祝中国共产党成立100周年大会上的讲话[EB/OL]（2021-7-1）[2023-1-5]. http://baijiahao.baidu.com/s? id=1704118482377723758&wfr=spider&for=pc.

为生产关系范畴,更不能仅仅理解为生产关系中的分配范畴。否则,在理论上,就会误解共同富裕的丰富内涵;在实践上,就会导致在推进共同富裕中忽略生产力的发展而不断推进生产关系的变革,由此带来的历史教训极其深刻。

第三节 "人人有事做,家家有收入"的共富内涵

2006年8月16日,时任浙江省委书记的习近平在开化县金星村考察结束时,寄予了"人人有事做,家家有收入"的殷殷嘱托。"人人有事做,家家有收入"明确了共同富裕的逻辑起点是农村工作,明确了共同富裕的目标指向是全体人民共同富裕,阐明了共同富裕的内生动力是勤劳致富,更是点明了富民为始是共同富裕的题中之义、阐明了共富的实现规律。从"人人有事做,家家有收入"到共同富裕,其中的思想理念是一脉相承的。"人人有事做,家家有收入"以最直观、最简洁、最明了的方式阐述了共同富裕的深刻内涵。

一、"人人有事做,家家有收入"点明了共富的逻辑起点

2019年4月15日,习近平总书记在重庆市考察时的讲话中提到"小康不小康,关键看老乡"。我国是农业大国,农业、农村、农民是党在农村工作的重心。全面建成小康社会,最突出的短板在"三农"。脱贫质量怎么样、小康成色如何,很大程度上要看"三农"工作成效。

事实上,早在2004年,习近平便指出了全面小康的关键在于欠发达地区,他提到:"没有欠发达地区的小康,就没有全省的全面小康;没有欠发达地区的现代化,就没有全省的现代化。这好比一只木桶的装水容量不是取决于这只木桶中最长的那块板,而是取决于最短的那块板。"[①]这段话形象地说明了共同富裕中的"木桶效应",共富路上的薄弱环节将影响整个共同富裕的大格局。可以说,农村富裕是实现共同富裕的关键,没有农村的小康特别是没有贫困地区的小康,就没有全面建成小康社会。这也是脱贫攻坚作为全面建成小康社会底线任务的重要原因。无论是新农村建设、乡村振兴战略,还是脱贫攻坚、全面小康、共同富裕,都是相互联系、内在一致的,都是中国共产党适应时代发展、顺应人民期待所确立的发展目标,具有梯次推进、循序渐进的性质。

---

① 习近平.之江新语[M].杭州:浙江人民出版社,2007:226.

当年习近平在金星村考察结束时提出:"人人有事做,家家有收入。这就是新农村。"这句话形象生动地阐明了新农村的面貌与内涵,更在一定程度上抓住了共同富裕的逻辑起点。何为新农村?人人有事做,家家有收入。这就是新农村。如何实现共同富裕?促进共同富裕,最艰巨最繁重的任务仍然在农村,乡村振兴是实现共同富裕的必经之路。

二、"人人有事做,家家有收入"明确了共富的目标指向

在马克思主义学说中,共同富裕是一个极为重要的命题。马列主义经典作家对共同富裕都有详细的论述。马克思在对未来自由人联合体的构想中,强调了共同劳动与公平分配的原则,蕴含着共同富裕的深刻内涵。他指出:"在人人都必须劳动的条件下,人人也都将同等地、愈益丰富地得到生活资料、享受资料、发展和表现一切体力和智力所需的资料。"①党的十八大以来,习近平总书记对"什么是共同富裕、为什么要实现共同富裕、怎样实现共同富裕"等重大理论和实践问题作了系统阐释和科学回答。他提出:"共同富裕是社会主义的本质要求,是中国式现代化的重要特征。我们说的共同富裕是全体人民共同富裕,是人民群众物质生活和精神生活都富裕,不是少数人的富裕,也不是整齐划一的平均主义。"②在党的二十大报告中,习近平总书记同样指出了:"中国式现代化是全体人民共同富裕的现代化。共同富裕是中国特色社会主义的本质要求,也是一个长期的历史过程。我们坚持把实现人民对美好生活的向往作为现代化建设的出发点和落脚点,着力维护和促进社会公平正义,着力促进全体人民共同富裕,坚决防止两极分化。"③

"人人有事做,家家有收入"以简洁、形象的方式阐述了共同富裕的目标指向,即实现全体人民共同富裕。在 2003 年至 2007 年,担任浙江省委书记期间,习近平大力推动"山海协作工程"和"欠发达乡镇奔小康工程",统筹城乡发展,积极探索欠发达地区跨越式发展的新路子。早在 2003 年 1 月 13 日的浙江省农村工作会议上,他便提出"现代化建设不能留盲区死角,实现全面小康一个乡镇也不能掉队"。在 2015 年 10 月 29 日党的十八届五中全会第二次全

---

① 马克思恩格斯选集:第 1 卷[M].北京:人民出版社,1995:330.

② 习近平.扎实推进共同富裕[J].求是,2021(20):4-8.

③ 习近平.高举中国特色社会主义伟大旗帜 为全面建设社会主义现代化国家而团结奋斗——在中国共产党第二十次全国代表大会上的报告[N].人民日报,2022-10-26(1).

体会议上,习近平总书记提出"全面小康,覆盖的人口要全面,是惠及全体人民的小康","要按照人人参与、人人尽力、人人享有的要求"来着力保障民生①。在不同场合,习近平总书记曾多次提出要让全体人民"共享发展成果"。从这些论述可以看出,实现全体人民共同富裕的核心关键词在于"全体"和"共同",这里的"全体"既不是指单一的行业"个体"的富裕,也不是指某个区域的"群体"的富裕,更不是指仅为偏向性的生活资料层面的物质上的富裕,少数人的富裕和大多数人的富裕都不是实质意义上的共同富裕。而"共同"则表明了中国特色社会主义制度下的共同富裕是"整体增进""相互扶持""精准治理"的惠及全民的共享性富裕,广大人民群众的物质生活水平和精神生活境界要与国家整体发展水平协同并进。"人人有事做,家家有收入"中"人人""家家"恰好体现了"全体"的概念,表明了富裕的全面、共享、共建的本质性特征。

三、"人人有事做,家家有收入"阐明了共富的内生动力

中华民族历来都是实干派,而不是空想家,勤劳是中华民族的优良传统。在新年贺词中,习近平总书记曾提出"撸起袖子加油干"②"脚踏实地加油干"③"万众一心加油干"④"天上不会掉馅饼,努力奋斗才能梦想成真"⑤的号召,同时他表示一切工作就是要让"人民群众有了更多获得感、幸福感、安全感"⑥,"千千万万普通人最伟大"⑦,"幸福都是奋斗出来的"⑧;在 2020 年 12 月 28 日中央农村工作会议上,习近平总书记提出,"要坚持开发式帮扶方针,帮助他们用自己的双手勤劳致富,不能靠发钱养人,防止陷入福利陷阱、政策养懒汉""乡村振兴,关键在人、关键在干""要广泛依靠农民、教育引导农民、组织带动农民,激发广大农民群众积极性、主动性、创造性,投身乡村振兴,建设美好家园"⑨。在 2021 年 10 月 16 日发表于《求是》杂志的重要文章《扎实推进共同富裕》中,习

① 习近平.在党的十八届五中全会第二次会议上的讲话(节选)[J].求是,2016(1):3-10.
② 国家主席习近平发表二〇一七年新年贺词[N].人民日报,2017-01-01(1).
③ 国家主席习近平发表二〇二一年新年贺词[N].人民日报,2021-01-01(1).
④ 国家主席习近平发表二〇二〇年新年贺词[N].人民日报,2020-01-01(1).
⑤ 国家主席习近平发表二〇一七年新年贺词[N].人民日报,2017-01-01(1).
⑥ 国家主席习近平发表二〇一八年新年贺词[N].人民日报,2018-01-01(1).
⑦ 国家主席习近平发表二〇一八年新年贺词[N].人民日报,2018-01-01(1).
⑧ 国家主席习近平发表二〇一八年新年贺词[N].人民日报,2018-01-01(1).
⑨ 习近平.坚持把解决好"三农"问题作为全党工作重中之重,举全党全社会之力推动乡村振兴[J].求是,2022(7):04-17.

近平总书记提出促进共同富裕，要把握的原则之一就是"鼓励勤劳创新致富"。他指出，"幸福生活都是奋斗出来的，共同富裕要靠勤劳智慧来创造。要坚持在发展中保障和改善民生，把推动高质量发展放在首位，为人民提高受教育程度、增强发展能力创造更加普惠公平的条件，提升全社会人力资本和专业技能，提高就业创业能力，增强致富本领。要防止社会阶层固化，畅通向上流动通道，给更多人创造致富机会，形成人人参与的发展环境，避免'内卷''躺平'"①。

"人人有事做，家家有收入"这句话便直观地说明了劳动致富的深刻逻辑，体现了由广大乡村农民的主体性、内生性的力量而实现的共同富裕。金星村村民有三分之一在外面务工，三分之一从事二、三产业，三分之一在本村务农。基于这个情况，习近平才在考察结束时说道："这个好！这就叫做人人有事做，家家有收入。这就是新农村。"正是因为金星村村民各有其业，勤劳致富，才引得习近平的赞许，同时也点明了"有事做，才有收入"的因果逻辑关系。

实现共同富裕核心要解决三大问题，那就是怎么看、怎么干、怎么把握。实现共同富裕的目标，不仅需要党的科学引领，需要良好的顶层设计和政策支持，更离不开全体人民所凝聚的实践驱动力和主体创造力，更需要全体人民积极发挥中华民族踏实勤劳的优良传统和"天道酬勤"的精神品质。推动共同富裕的主体力量在于人民群众，人民群众对美好生活的向往是实现共同富裕的不竭动力。实现全体人民共同富裕，每个个体都不是旁观者和局外人，而是参与者和奋斗者。只有将顶层设计的科学性和人民群众的主体性有效结合，才能发挥出推动共同富裕的强大人民力量和主体动力。

四、"人人有事做，家家有收入"点明了共富的题中之义

治国之道，富民为始。中国共产党从成立之日起，就坚持把为中国人民谋幸福、为中华民族谋复兴作为初心使命，这百年时间就是党团结带领人民从站起来、富起来、强起来的奋斗历程。关于富民，习近平在浙江担任省委书记期间便有过重要论述。他曾提出，"推动欠发达地区加快发展，使欠发达地区人民群众的就业机会不断增加，收入水平持续提高，生活条件明显改善，使他们真正得到实惠，真正享受到改革发展的成果"②，"让百姓过上富裕安康幸福的

---

① 习近平.扎实推进共同富裕[J].求是，2021(20):4-8.

② 习近平.干在实处，走在前列：推进浙江新发展的思考与实践[M].北京：中共中央党校出版社，2013:267.

生活,不断提高人民群众的生活水平和质量,是我们发展的根本目的"①。2006年,在金星村考察结束时,他嘱托金星村的干部群众:"你们这个村大有希望,在全省也是有特色的村。金星村村民有三个经济来源:一个是务工,一个是做二、三产业,再一个是发展茶叶。金星村大家都有活干,而且都有比较好的收入。所以,新农村建设一定要把经济搞上去,为群众办实事。"②原浙江省委组织部副部长胡坚曾在访谈中表示,习近平同志到衢州市开化县金星村调研提出"人人有事做,家家有收入"的重要嘱托得到贯彻实施,直到现在,开化的百姓都还记着总书记的这句话。

"人人有事做,家家有收入。这才是新农村。"这句话直接阐述了"富民""经济建设"在共同富裕中的重要意义。生活富裕是乡村振兴的根本目的。可以说,"家家有收入"就是生活富裕的重要体现。省委政研室副主任、省高质发展建设共同富裕示范区领导小组办公室副主任杨守卫曾表示:"总书记当年对开化提出了一个要求,变'种种砍砍为走走看看',点赞开化是个好地方,那么我们在共同富裕示范区的建设道路上,如何把好地方发展得更好,这是我们共同富裕建设的一个重要思想。开化要把乡村生态文化建设、制度建设融合起来,打造开化自己的特色产业,找到新的发展路径,推动传统产业改造,发展绿色产业,加快数字经济的发展。"当然,除了推动发展提高收入,收入分配制度也是影响共同富裕的因素。2008年,金星村进行了村集体林权制度改革,村集体经济收入从2006年的不到1万元,发展到2021年的300万元。村集体收入的飞速增长正契合了共同富裕的战略要求,符合习近平总书记提出的"实现共同富裕目标,首先要通过全国人民共同奋斗把'蛋糕'做大做好,然后通过合理的制度安排把'蛋糕'切好分好"③的要求。

五、"人人有事做,家家有收入"阐明了共富的实现规律

习近平总书记强调,幸福生活都是奋斗出来的,共同富裕要靠勤劳智慧来创造。在共同奋斗中推进共同富裕,体现了实现共同富裕战略目标和实践途径的有机结合。而"人人有事做,家家有收入"这句话则阐明了共富的实现规

---

① 习近平.干在实处,走在前列:推进浙江新发展的思考与实践[M].北京:中共中央党校出版社,2013:258.

② 壮丽七十年奋斗新时代|开化金星村人人有事做家家有收入[EB/OL](2019-04-22)[2023-02-24].http://baijiahao.baidu.com/sid=16315997107852207318wfr=sidor&for=pc.浙江在线.

③ 习近平.正确认识和把握我国发展重大理论和实践问题[J].求是,2022(10):4-9.

律。首先，"人人有事做，家家有收入"体现了效率与公平的辩证统一，体现了高效率高收入的因果关系。一方面，效率与公平是一个有机结合的整体。以公平来促进效率，以效率来实现更进一步的公平，两者是辩证统一的关系。实现共同富裕，解放生产力、发展生产力是基本途径，同时也是实现共同富裕的前提。"人人有事做，家家有收入"点明了这一大前提。如果人民没有工作，人民生活不富裕，共同富裕便是无源之水。在此基础上，提高效率，促进公平，才能提高收入，实现人人有事做，家家高收入。

其次，"人人有事做，家家有收入"体现了"人人"在实现共同富裕过程中的主体性，说明提高全社会人民素质的重要性。共同富裕不仅仅是物质富裕，同时也是精神富裕。党的二十大报告中提出："中国式现代化是物质文明和精神文明相协调的现代化。物质富足、精神富有是社会主义现代化的根本要求。物质贫困不是社会主义，精神贫乏也不是社会主义。我们不断厚植现代化的物质基础，不断夯实人民幸福生活的物质条件，同时大力发展社会主义先进文化，加强理想信念教育，传承中华文明，促进物的全面丰富和人的全面发展。"[1]因此，在实现共富裕的过程中，"人"作为社会主体的全面发展显得尤为重要，人口素质的提高是促进社会经济迅速发展的重要条件。

第四节　我国乡村共同富裕发展历程

共同富裕是全体人民共同富裕。促进共同富裕，最艰巨最繁重的任务仍然在农村。从集体化到改革开放，从建设社会主义新农村到实施乡村振兴战略，党带领人民不断摸索共同富裕的实现路径，取得了辉煌的成就，走出了一条具有中国特色的乡村共同富裕道路。

一、集体化为乡村共同富裕创造条件

新中国成立之初，百废待兴，新生的人民政权面临着许多严峻的考验和亟待解决的难题。在这种背景下，党和国家推动了一系列新政策，不仅有助于维持广大乡村社会的稳定，还有助于有效汲取乡村资源，支持国家工业化建设，

---

① 习近平.高举中国特色社会主义伟大旗帜 为全面建设社会主义现代化强国而团结奋斗——在中国共产党第二十次全国代表大会上的报告[N].人民日报,2022-10-26(1).

为巩固新生的国家政权作出了历史性贡献。在此过程中,农村集体化程度不断提高,为乡村共同富裕奠定了根本政治前提和制度基础。

1. 废除封建土地所有制,提高农民生产积极性

新中国成立初期,为恢复和发展国民经济,党领导亿万农民进行了废除封建土地制度的土地改革运动,把封建剥削的土地所有制变为农民的土地所有制。1947年10月公布的《中国土地法大纲》规定"废除封建半封建剥削的土地制度,实行耕者有其田的土地制度"。在这个大纲的指引下,土地改革运动在解放区广大农村迅速掀起。1950年6月出台《中华人民共和国土地改革法》,为新解放区的土地改革运动提供了法律依据,对保证土地改革运动的顺利完成及广大农村地区经济的恢复与发展等方面起到了积极的作用。《土地改革法》提出,要废除地主阶级封建剥削的土地所有制,实行农民的土地所有制,借以解放农村生产力,发展农业生产,为新中国的工业化开辟道路。土地改革运动以较低的成本顺利完成社会变革,彻底废除了两千多年来的封建剥削制度,消灭了地主阶级,使农民成为土地的主人,在政治、经济上翻了身;同时,土地改革解放了农村的生产力,极大地提高了农民的生产积极性,进一步巩固了人民民主专政的国家政权,并为社会主义改造和社会主义建设创造了有利条件。

2. 实行农业社会主义改造,提高公有化程度

土地改革完成之后,在农村地区通过合作化方式进行社会主义改造,是建立社会主义公有制的必然选择。新中国成立初期,为使合作社走上正轨,出台了《中华人民共和国合作社法(草案)》,规定了合作社的性质、类型、原则、办社目的、经营方针、合作社与国家的关系等。之后,《中共中央关于发展农业生产合作社的决议》《关于整顿和巩固农业生产合作社的通知》《关于农业合作化问题的决议》相继出台,为农业合作化运动提供政策指导。到1956年年底,我国基本实现了初级社的高级社化,农业社会主义改造基本完成,建立了生产资料集体所有制。通过生产合作化的方式把个体农户的私有生产资料一并归入合作社集体所有,贫雇农、中农、地主、富农都成为合作社的一员,凭借自己的劳动以获取工分来换取自己的收入。1957年以后,农村生产资料所有制公有程度不断提高。生产资料由私有转为公有,农村中不再因占有生产资料多少而产生贫富差距,而且为防止贫富差距扩大奠定了基础。同时,由于所有生产资料都掌握在国家手里,国家可以有计划地集中使用,使生产力迅速发展,为人

民共同富裕创造物质条件。

3.推进农业现代化,加强农业基础设施建设

土地改革运动和农业合作化对于新中国成立初期社会秩序的稳定以及农村经济的恢复起到了积极作用,但同时随着国家权力对农村社会生产生活控制加强,人民公社体制逐渐出现。尽管高度集体化的体制在后期对生产积极性产生了负面影响,但在集中力量办大事(如大型农田水利设施),积累原始资金等诸多方面都发挥了重要的作用。在推进农业现代化上,公社通过统筹社内资源购买机械设备用于农业生产,反向推动了相关机械产品的研发设计与配套生产,同时建立健全了县、社、大队、生产队四级农业科学实验网,有效提高了农业科技水平[①];在农村基础设施建设上,公社通过大量的劳资投入与整体的设计规划,改变过去分散孤立的水土布局,建设科学的灌溉系统,统筹江河治理与流域开发[②],开展"平整土地、格田成方"的农田基本建设,进行"旱改水""淤改旱"耕作制度的改革等;在集体福利上,建立以"弱有所扶、幼有所爱、老有所养、病有所医、残有所依"为核心目标的农民社会福利和保障体系,初步解决了农民的后顾之忧,满足了当时农民对社会保障的基本需求。[③] 一些地区还用公共资金开办托儿所,开展"病有所医"的互助医疗,开办社队企业,解决了农村剩余劳动力问题。[④]

二、改革开放为乡村共同富裕提供动力保障

改革开放是党在新的历史条件下领导人民进行的新的伟大革命,是决定当代中国命运的关键抉择。只有坚定不移地推进改革,实行开放,才能在国内国际严峻的环境压力下实现共同富裕。

1.实行家庭联产承包责任制,解放农村生产力

实行家庭联产承包责任制是农村经济体制改革第一步,突破了"一大二

---

① 吴淑丽.农业集体化时期发展农村集体经济的效用及其启示[J].毛泽东邓小平理论研究,2022(4):94-102+108.

② 吴淑丽.农业集体化时期发展农村集体经济的效用及其启示[J].毛泽东邓小平理论研究,2022(4):94-102+108.

③ 翟新花.我国农村集体经济体制历史变迁中的农民发展[D].太原:山西大学,2015.

④ 中国社会科学网.集体化时期农业技术与社会变迁[EB/OL].(2020-08-31)[2022-08-19].https://baijiahao.baidu.com/s? id=1676503333264144355&wfr=spider&for=pc.

公""大锅饭"的旧体制,极大地发挥了农民对于土地的控制自由权,克服了过去生产上大呼隆、经营上过分集中的弊端,同时又避免大锅饭所带来的分配上的不公。随着家庭联产承包责任制的推行,个人付出与收入挂钩,极大调动了农民的生产积极性,解放了农村生产力。家庭联产承包责任制对农村的生产关系调整起到了重要作用,开辟了农业生产发展的广阔道路,也使得中国的农民获得更多的收益,提高了农民的生活水平,使广大农村地区迅速摘掉贫困落后的帽子,逐步走上富裕的道路。

2.鼓励发展多种经营,建立农村市场经济体系

除了家庭联产承包责任制之外,国家也鼓励农民发展多种经营。1979年9月,《中共中央关于加快农业发展若干问题的决定》出台,指出农村应立足于实际开展多种形式的经营,之后中共中央制定的很多纲领性文件中也都提到了开展多种形式经营的必要性。[①] 建立农村市场经济体系是党中央基于对社会主义本质以及社会主义市场经济的正确认识上提出的,是国家市场化取向发展战略的一部分。在农村率先进行"市场取向"的改革,也是改革开放初期农村发展的重点任务,这对于进一步促进农村产品流通,积极推进外向型经济,推动生产力的大幅提升,加快农业走向现代化的速度,提高农民生活水平有重要意义。

3.创新公有制实现形式,走中国特色农村集体经济道路

改革开放后,我国由社会主义计划经济体制向市场经济体制逐渐过渡。农民迫切希望获得土地的承包经营权,自发组织形成了包工到组、包产到户、包干到户等多种农业生产责任制。《中共中央关于农业和农村工作若干重大问题的决定》第一次把"以公有制为主体、多种所有制经济共同发展"明确为农村的基本经济制度,同时也明确要求"探索和完善农村公有制的有效实现形式"[②]。探索农村公有制实现形式,充分考虑了社会主义初级阶段农村生产力水平的要求和农业生产的特点。作为农村公有制的主要实现形式,农村集体经济是社会主义市场经济的重要组成部分,是提高农民组织化程度的重要载体,也是坚持和完善统分结合的双层经营体制的制度基础。发展壮大农村集

---

① 王德胜. 我国社会主义新农村建设的路径选择与制度安排研究[D].青岛:中国石油大学(华东),2016.

② 葛福东. 改革开放以来中国共产党农村社会建设理论与实践研究[D].长春:吉林大学,2010.

体经济是带领群众实现共同富裕的重要途径。

4. 改革分配制度，让一部分人先富起来

随着人民公社的建立，生产资料公有化程度人为拔高，逐渐导致分配制度上的"求平""求均"。追求富裕上的同步尽管控制了贫富差距，却在很大程度上降低了社会的生产积极性，使经济效率和社会发展动力严重不足。1978 年9 月，邓小平在视察天津时提出"让一部分人富裕起来"的理念[①]。1983 年 1月，邓小平指出，农村、城市都要允许一部分人先富裕起来，勤劳致富是正当的，一部分人先富裕起来，一部分地区先富裕起来，是大家都拥护的新办法，新办法比老办法好。1984 年 10 月，《中共中央关于经济体制改革的决定》首次在党的会议将"先富—后富—共富"作为实现共同富裕的现实选择确定下来。推动分配制度改革，实行按劳分配和按生产要素分配相结合的分配制度是实现共同富裕的必由之路。但共同富裕不等于同等富裕、同步富裕，可以通过一部分人、一部分地区通过辛勤劳动与合法经营先富起来才能逐步实现。传统的分配制度无法体现效率与公平，而推行分配制度改革有助于最广泛最充分地调动一切积极因素参与到现代化的进程，促进社会资源的优化配置。

三、"建设社会主义新农村"是实现乡村共同富裕的重要路径

2005 年 10 月，中国共产党十六届五中全会通过《中共中央关于制定国民经济和社会发展第十一个五年规划的建议》，提出要按照"生产发展、生活宽裕、乡风文明、村容整洁、管理民主"的要求，扎实推进社会主义新农村建设。这一时期，社会主义新农村建设成为探索乡村共同富裕的重要路径。

1. 在国家战略层面来推动社会主义新农村建设

"建设社会主义新农村"是几代党的领导集体不断追求的目标。但在新中国成立之初，"建设社会主义新农村"更像是一种政治口号，改革开放之后，"建设社会主义新农村"才逐渐成为党和国家农村建设，甚至现代化建设的理念。1984 年 1 月，在《全国文明村（镇）建设座谈会纪要》中使用了"建设具有中国特色的社会主义新农村"的提法。此后《把农村改革引向深入》《关于进一步加强农业和农村工作的决定》《关于农业和农村工作若干重大问题的决定》等文

---

① 王琳. 当代中国共产党人共同富裕思想研究[D]. 北京：北京交通大学，2014.

件对社会主义新农村建设都赋予了丰富的内涵。2005 年,党的十六届五中全会从系统解决"三农"问题出发,正式提出了"建设社会主义新农村"国家战略并进行了系统部署。具体来说,社会主义新农村建设是指在社会主义制度下,按照"生产发展、生活富裕、乡风文明、村容整洁、管理民主"的要求,对农村进行经济、政治、文化和社会等方面的建设,最终实现把农村建设成为经济繁荣、设施完善、环境优美、文明和谐的社会主义新农村的目标。

2. 推动工业反哺农业,统筹城乡社会经济发展

统筹城乡发展作为建设社会主义新农村的根本出路,要求把农村经济与社会发展纳入整个国民经济与社会发展全局之中进行通盘筹划,综合考虑,以城乡经济一体化发展为最终目标,统筹城乡物质文明、政治文明、精神文明和生态环境建设。在 2005 年出台的《关于推进社会主义新农村建设的若干意见》中明确提出"加快建立以工促农、以城带乡的长效机制""坚持'多予少取放活'的方针,重点在'多予'上下功夫"。坚持工业反哺农业、城市支持农村和"多予少取放活"方针是由我国基本国情和所处发展阶段决定的,也是被实践证明的正确选择,同时也是实现农村共同富裕的必然选择。党的十六大以来,我们党坚持统筹城乡经济社会发展,实行"多予少取放活"的方针,制定了一系列强农惠农政策,极大地调动了广大农民的积极性,使农业基础地位得到加强,农村生产力得到解放和发展,直接促进了粮食生产的恢复和增长。这个时期是我国农业和农村经济发展最好、农民得到实惠最多、农民收入增长最快的时期之一。

3. 高度重视"三农"问题,富农惠农政策不断出台

解决好农业、农村、农民问题,事关全面建成小康社会大局,是全党工作的重中之重。建设社会主义新农村是重大历史任务,也为做好"三农"工作指明了方向。一方面,把"三农"放在经济工作的首位,不断加强和改善党在农村的工作,努力解放农民的思想观念、生产和生活方式,引领农民全面建成小康社会,强化农民的主体地位,推出了一系列惠农富农政策以保障农村经济的发展和农民收入的不断提高;另一方面,加快新旧体制的转换和农村经济结构的调整,改革农村的税费制度,免除农业税以期切实减轻农民负担;通过加强农村基础设施建设,加快农村公共事业的发展,实现城乡居民共享改革开放的成果;通过全面深化改革,统筹城乡发展,推进城乡制度一体化。此外,党中央还作出了在农村义务教育阶段免除学杂费的决定。这些政策与措施的实施,不

仅有利于城乡经济发展与社会稳定，有助于进一步缩小城乡之间的贫富差距，而且有利于夯实城镇化发展基础，为消除城乡二元经济结构起到铺垫作用，同时也为实现共同富裕打好基础。

四、在全面推进乡村振兴中实现共同富裕

党的十八大以来，以习近平同志为核心的党中央坚持以人民为中心的发展思想，把逐步实现全体人民共同富裕摆在更加突出的位置。从提出"全面建成小康社会"的第一个百年奋斗目标，到提出打赢"脱贫攻坚战"，再到实施"乡村振兴战略"，党和国家始终将"三农"问题作为国计民生的根本。在此过程中，实施乡村振兴战略，补齐民生短板，促进社会公平正义，不仅是解决发展不充分、不平衡问题的重要举措，更是扎实推进共同富裕的关键一环。

1. 乡村振兴是实现共同富裕的必经之路

习近平总书记在党的二十大报告中提出"全面建设社会主义现代化国家，最艰巨最繁重的任务仍然在农村。坚持农业农村优先发展，坚持城乡融合发展，畅通城乡要素流动"[①]。农业、农村、农民问题是关系国计民生的根本性问题，必须始终把解决好"三农"问题作为全党工作的重中之重，实施乡村振兴战略。此后，《乡村振兴战略规划（2018—2022年）》《中共中央 国务院关于全面推进乡村振兴加快农业农村现代化的意见》《关于实现巩固拓展脱贫攻坚成果同乡村振兴有效衔接的意见》《中华人民共和国乡村振兴促进法》《"乡村振兴法治同行"活动方案》等政策法规文件相继出台，为乡村振兴提供了政策保障。我国正处于正确处理工农关系、城乡关系的历史关口，提出乡村振兴战略"就是为了从全局和战略高度来把握和处理工农关系、城乡关系"。正如习近平总书记所言："全面建成小康社会，最艰巨最繁重的任务在农村，特别是在贫困地区。没有农村的小康，特别是没有贫困地区的小康，就没有全面建成小康社会。"[②]共同富裕是乡村振兴的长期目标，乡村振兴是共同富裕的应有之义，二者在要求和目标上是协调统一的，都是为了全面建设社会主义现代化国家，实现中华民族伟大复兴。

---

① 习近平.高举中国特色社会主义伟大旗帜 为全面建设社会主义现代化国家而团结奋斗——在中国共产党第二十次全国代表大会上的报告[N].人民日报，2022-10-26(1).
② 习近平.在河北省阜平县考察扶贫开发工作时的讲话[J].求是，2021(4):4-13.

2.乡村振兴推动共同富裕的内在机理

党的二十大报告提出"加快建设农业强国,扎实推动乡村产业、人才、文化、生态、组织振兴"。乡村振兴战略的总要求是"产业兴旺、生态宜居、乡风文明、治理有效、生活富裕"。其中,产业兴旺是乡村振兴的核心、基础和底线,可以为共同富裕提供坚实基础。发展是硬道理,乡村振兴的前提和基础是经济发展。产业兴旺不仅要求乡村的生产发展,更要在此基础上实现产业的创新与兴旺发达。作为乡村振兴总要求之首,产业兴旺突出了产业支撑是乡村振兴的基础前提,是做大做好共同富裕"蛋糕"的坚实保障[①];生态宜居是对乡村振兴最具创新性的要求,表明了实现共同富裕的优美环境。发展不能以牺牲环境为代价,必须以习近平生态文明思想为指导,坚持"绿水青山就是金山银山",牢固树立尊重自然、顺应自然、保护自然的发展理念;乡风文明是乡村振兴的灵魂,为共同富裕提供精神支撑。党中央历来高度重视精神文明建设,强调物质文明和精神文明"两手抓,两手都要硬"。共同富裕不仅要物质富裕,同样要求精神富裕;治理有效是乡村振兴的核心,为共同富裕提供政治保障。充满活力、和谐有序的乡村风貌既是乡村发展的内在要求,也是农村基层工作的目标任务;生活富裕是乡村振兴的目的,也是共同富裕的根本。生活富裕不仅体现在农村居民收入水平的提高和消费结构的改善,更以人的全面发展和社会全面进步为根本标志。要紧紧围绕农村居民最关心最直接最现实的民生问题,既尽力而为,又量力而行,建立健全以农民群众美好生活需求为导向的公共服务体系[②]。

3.乡村振兴推动共同富裕的路径

习近平总书记曾在考察中指出:"脱贫摘帽不是终点,而是新生活、新奋斗的起点。接下来要做好乡村振兴这篇大文章,推动乡村产业、人才、文化、生态、组织等全面振兴"[③]。一是加快发展乡村产业。产业兴旺是乡村振兴的重要基础,是解决农村一切问题的前提。二是加强社会主义精神文明建设,从加

---

① 唐任伍,许传通.乡村振兴推动共同富裕实现的理论逻辑、内在机理和实施路径[J].中国流通经济,2022,36(6):10-17.

② 武汉市农业农村局.以乡村振兴筑牢共同富裕的"三农"基础[EB/OL].(2021-10-28)[2022-08-01].http://nyncj.wuhan.gov.cn/xwzx_25/xxlb/202110/t20211027_1820542.html.

③ 习近平.扎实做好"六稳"工作落实"六保"任务 奋边谱写陕西新时代追赶超越新篇章[N].人民日报,2020-04-24(1).

强农村思想道德建设、开展形式多样的群众文化活动、推进农村移风易俗、注重农村青少年教育问题和精神文化生活等入手,实现乡风文明。三是加强农村生态文明建设,坚持"绿水青山就是金山银山"的理念,推进农业农村绿色转型。四是深化农村改革,推动农村土地制度、集体产权制度改革,健全体制机制。五是实施乡村建设行动,加强农村基础设施建设,注重保护传统村落和乡村特色风貌。六是推动城乡融合发展见实效,强化统筹谋划和顶层设计,把县域作为城乡融合发展的重要切入点,强化基础设施和公共事业县乡村统筹,赋予县级更多资源整合使用的自主权等具体要求①。七是加强和改进乡村治理,加快构建党组织领导的自治法治德治相结合的乡村治理体系。

第五节 浙江山区乡村共同富裕的实践探索

浙江是习近平新时代中国特色社会主义思想的重要萌发地,也是中国美丽乡村建设首创地和乡村振兴战略的先行地。浙江一直坚持农业农村优先发展,以产业兴旺、生态宜居、乡风文明、生活富足为目标,奋力全面推进乡村振兴,致力于打造现代版"富春山居图",走出了一条极具浙江鲜明特色的"三农"发展的道路。以农村产业振兴为基础,高效带动乡村经济腾飞②。

一、浙江山区县发展面临的难题

浙江省素有"七山一水两分田"之称。山区 26 县主要位于浙江省南部 6 个设区市,包括衢州、金华、台州、丽水和温州市等,面积占全省的 44.5%,2020 年末人口总数为 1016.9 万人,约占全省的 15.8%;GDP 总量 6238 亿元,仅占全省的 9.65%;人均 GDP 61363 元,是全省的 61.3%、全国的 85.2%③。从数据来看,山区县发展与全省其他沿海平原地区相比仍存在一

① 求是网评论员.七大举措做好乡村振兴这篇大文章[EB/OL].(2022-04-05)[2022-07-18].http://mzt.guizhou.gov.cn/xwzx/jrtt/202204/t20220406_73244953.html.

② 谢忠俩.新时代浙江共同富裕的水平测算及实践路径研究[D].杭州:中共浙江省委党校,2021.

③ 澎湃新闻.浙江山区 26 县去年居民人均可支配收入超 4 万,增长 10.9%[EB/OL].(2022-07-26)[2022-07-28].https://baijiahao.baidu.com/s? id=17394055630597162078&wfr=spider&for=pc.

定差距。山区 26 县能否实现跨越式高质量发展、能否取得标志性成果,事关现代化先行和共同富裕示范区建设全局。但在实际发展过程中,要素制约、区位受限、社会治理短板多、公共服务供给不足,是浙江山区 26 县迈向共同富裕面临的现实难题。

1. 产业要素制约明显

产业发展与人口、资本、土地、技术等多个要素密切相关。要想实现产业兴旺,这些要素缺一不可。人口为产业发展提供基础的劳动力,一方面,人口跟着产业走,产业越大越丰富,越会吸引大量劳动力;另一方面,产业跟着人走,才能争取"人才红利"。根据浙江统计局发布的"浙江省第七次人口普查"数据[①],浙江近 10 年来人口快速增长,人口流动更加活跃,持续向经济发达的沿海和平原地区集聚。例如浙江东北部的环杭州湾城市群优越的自然地理条件和良好的经济发展水平使得这些城市对周围地区产生了较大的辐射作用。山区 26 县所在地因山地丘陵地貌,人口集聚度相对较低,且有众多人口流向沿海地区。现时科技创新力不足是全省上下亟须面对的难题,山区尤为突出,山区产业和企业之所以难以做大做强,很大程度上归因于人力资源要素的匮乏[②]。因此,如何留住人,如何吸引高质量人才是山区县发展面临的第一个难关。除了人力资源之外,土地资源、产业发展资金、市场等同样制约着山区产业发展。

2. 产业发展受区位影响较大

山区 26 县虽占全省面积接近一半,但大部分山区地貌难以满足社会、产业发展需求。一方面,山区作为全省重要的环境资源载体,承担生态作用的重要性不言而喻,保护好山区生态资源,发挥山区生态屏障作用对浙江经济社会的可持续发展意义重大[③]。但事实上,生态环境保护往往与经济发展产生一定矛盾,例如,在以往的发展中就有自然资源过度开发利用,甚至以牺牲环境为代价来换取 GDP 增长的教训。因此,如何实现产业发展与生态环境资源的最优平衡,推动产业发展与生态环境保护良性循环是山区冲破发展难关的关

---

① 浙江统计局. 浙江省第七次人口普查系列分析之一:总量与分布[EB/OL]. (2022-07-22)[2022-08-30]. http://tjj.zj.gov.cn/art/2022/7/22/art_1229129214_4955981.html.
② 沈海平,肖飞. 改革与创新——浙江山区发展新路径[J]. 科技和产业,2009,9(2):39-42.
③ 沈海平,肖飞. 改革与创新——浙江山区发展新路径[J]. 科技和产业,2009,9(2):39-42.

键点。另一方面,山区缺少土地资源,产业发展基础薄弱,往往形成"就资源卖资源,因陋就简搞加工,粗笨重工业多,高精尖工业少"的局面。同时,大部分山区县以农业经济为主体,工业基础薄弱。"靠山吃山,靠水吃水"容易造成产业形式单一,难以形成产业规模效应与多样化,导致发展后劲与动力不足。因此,如何做大做强本土特色产业,实现山区产业自强,吸引头部企业入驻,推动产业转型升级是山区县实现高质量发展的关键。

3.公共服务供给不足

更好满足群众对高层次、多样化、均等化公共服务需求,满足广大人民群众对美好生活的向往,是浙江高质量发展建设共同富裕示范区的题中之义。公共服务的供给水平往往与当地经济发展水平呈现正相关关系。"要想富,先修路"并不是一句空话,而是实实在在直观反映了公共基础设施对经济发展的重要影响。山区县的公共基础设施、社会保障、教育医疗水平等公共服务供给与浙江沿海发达地区相比仍有很大差距。一方面,山区县经济水平不高、实力不强,积累资金能力差,容易造成地方财政收入困难,对于大规模、大资金量的基础设施建设等"硬公共产品"本就难以为继,就业、教育、医疗等软公共产品的提供更是力不从心;另一方面,道路、教育、医疗等基本公共服务供给的缺失又会影响山区经济发展,形成缺失与阻碍恶性循环的局面①。山区县公共服务基础设施较薄弱,资源配置不均衡不充分,如何用有限的资源满足偏远地区群众的需求,加强公共服务均等化是亟待突破的难题。

二、推动山区 26 县乡村全面振兴

浙江 90 个县(市、区)中,山区 26 县因为资源禀赋和发展条件的限制,是浙江省域发展中相对而言的"短板"。因此,浙江高质量发展建设共同富裕示范区,重点、难点和突破点都在山区 26 县。如何在努力缩小地区差距、促进共同富裕的大背景下更好地补短板,加快这些地区的高质量发展,是浙江实现均衡发展关键所在,也是巨大潜力所在。

1.将生态环境优势转变为生态经济优势

绿水青山就是金山银山。山区 26 县拥有丰富的生态资源,而将生态环境

---

① 沈海平,肖飞.改革与创新——浙江山区发展新路径[J].科技和产业,2009,9(2):39-42.

优势转化为生态经济优势便是山区县"奔富"的重要路径。随着实践的深入，生态经济的业态也在不断丰富和发展。例如，生态农产品正在向有机安全的高效名品升级，且产业链不断延伸、形态日益多样化。生态工业在互联网技术的加持赋能下，正在加速数字化、绿色化转型。聚焦科技创新，利用数字化手段分析企业诉求和市场需求，通过创新引领打通企业转型"堵点"。生态旅游结合农村宅基地制度改革的深化，已从简单的农家乐、风光游，向民宿、书院和田园体验游、特色风情游、休闲度假游、旅居康养游等高端形态转化。依托山区的好山好水好空气、好吃好喝好生活，互联网头部企业甚至越来越多地将高强度的编程、研发、文创等内容生产部门，落户在生态环境得天独厚的山区县，开辟生态知识创造业的"第二空间"。生态经济的四大业态相互渗透、互为加持，不断凸显山区26县的生态环境优势，展现了生态经济内生健康发展之路的广阔前景①。

2.加强山区县公共服务与公共基础设施建设

浙江从全省共富"一盘棋"的角度不断继续改善山区县的投资和发展环境。习近平总书记当年主持编制的浙江省"十一五"规划中倡导探索欠发达地区跨越式发展新途径，提出坚持基础设施先行、教育培训先行、"内聚外迁"先行、生态经济先行，对当下也有重要的指导意义。在生态经济方面，推动山海协作工程升级版，从过往较多提供"产业输血"的"授人以鱼"，向更有利于山区县可持续发展"产业造血"的"授人以渔"转变。在基础设施方面，实施26县交通赶超提升行动，避免让山区县在全省3个"1小时交通圈"建设的进程中落后。此外，在教育培训先行、"内聚外迁"先行方面，加快补齐山区海岛公共服务短板，实施一批公共服务设施标准配置工程，扎实开展跨地区教共体结对帮扶、深化医疗卫生"山海"提升工程，让优质学校、医院成为新时代山区共同富裕的鲜明标志。

3.深化山海协作，推动结对帮扶

2002年，浙江正式实施"山海协作工程"，通过杭州、宁波、绍兴等地的发达县(市、区)与衢州、丽水等地的26个欠发达县(市、区)开展对口合作，带动

---

① 浙江新闻网客户端.推进山区26县整体跨越发展："生态经济＋公共服务"的共富之路[EB/OL].(2022-02-18)[2022-08-01].https://www.zj.gov.cn/art/2022/2/18/art_1229559825_59667664.html.

欠发达地区加快发展，促进全省区域协调发展。此后，《关于全面实施"山海协作工程"的若干意见》《关于实施新一轮山海协作工程的若干意见》《关于进一步深化山海协作工程的实施意见》等文件相继出台，"山海协作工程"不断深入推进。同时，浙江没有停止对山海协作模式的创新和探索，从补短板、创平台、优服务、强合作等方面，不断深化山海协作工程的内容和形式，推动先富帮后富，解决发展不平衡不充分问题，为高质量建设共同富裕示范区提供重要保证①。2018 年，浙江省委、省政府印发《关于深入实施山海协作工程促进区域协调发展的若干意见》，部署打造山海协作工程升级版，创新合作方式，拓宽合作领域，进一步推动结对县（市、区）之间的产业合作②。经过 20 年的风雨岁月，"山海协作工程"从以经济协作为主的单一模式转为经济、社会、生态、文化、群众增收等多领域、全方位的协作。

2021 年底，针对山区 26 县，浙江启动"新型帮扶共同体"建设，进一步巩固拓展脱贫攻坚成果同乡村振兴有效衔接。"新型帮共体"是由省农业农村厅牵头，统筹省级机关、省内院校、三甲医院、国有企业（含央企驻浙企业）、金融机构、经济强县（市）和民营企业骨干力量共同组成的全域结对帮扶新模式，由 569 个成员单位组成 26 个帮扶团组，"一县一团"帮扶，形成政社企协同、县村户并进、"山海原"（山区、沿海、平原）联动、资技才（资金、技术、人才）合力的帮扶新体系。与原先驻村帮扶思路不同，"新型帮扶共同体"注重全域帮扶，聚焦高效生态农业、山海协作、交通水利、医疗、教育、科技等 13 项重点专项任务③。自 2021 年新型帮共体成立以来，26 个帮扶团组已为山区县累计促成项目 176 个，落地投资共计 532 亿元，共筹集各类资金超 700 亿元，有力推动了山区 26 县高质量发展和乡村全面振兴④。

4. 加强规划，构建"10 项共性政策＋26 县个性清单"的支持机制

乡村振兴是一个系统性问题，并不是一蹴而就的。浙江对建设乡村共同

①　应少栩.浙江省"山海协作"推动共同富裕的逻辑脉络与经验启示[J].理论观察，2022(3)：13-17.

②　浙江省人民政府. 我省启动山海协作工程升级版 3 年来实施产业合作项目 885 个，带动 2500 多个村"消薄"[EB/OL]. (2020-11-11)[2022-08-21]. https://www. zj. gov. cn/art/2020/11/11/art_1554467_59043926. html.

③　浙江新闻.一县一团,浙江组成 26 个帮扶团组助力山区奔共富[EB/OL].(2022-07-06)[2022-08-21]. https://baijiahao. baidu. com/s? id=1737561476644435900&wfr=spider&for=pc.

④　人民网. 浙江:打造山区 26 县结对帮扶新格局[EB/OL]. (2022-08-21)[2022-08-27]. https://baijiahao. baidu. com/s? id=1742090400484520603&wfr=spider&for=pc.

富裕有着明确的规划和任务。2019年4月,浙江出台了实施乡村振兴战略的第一个五年规划《浙江省乡村振兴战略规划(2018—2022年)》,此后又出台了《高质量创建乡村振兴示范省推进共同富裕示范区建设行动方案(2021—2025年)》《关于2022年高质量推进乡村振兴的实施意见》《关于支持山区26县乡村全面振兴加快农民农村共同富裕的意见》[①]等文件,明确了乡村共同富裕的思路和任务。

其中,2022年7月浙江省委农办出台的《关于支持山区26县乡村全面振兴加快农民农村共同富裕的意见》,通过构建"10项共性政策+26县个性清单"的支持机制,来缩小地区、城乡、收入差距,加快打造高质量发展和共同富裕标志性成果。"10项共性政策"分别是农业"双强"赋能高效生态农业发展、引育结合加快农业全产业链建设、统筹资源加快现代农业发展平台建设、多元打造农产品产销对接平台、集成改革加快农村集体经济发展、赋权活权激活农民农村资产、加快推进美丽乡村与美丽经济共建共享、综合赋能农民多途径高质量就业、大力推进乡村振兴重大项目建设,以及推动组织振兴引领乡村全面振兴。对于个性化清单,主要以编制"一县一清单"落实方案,并建立健全乡村振兴投入稳定增长长效机制,稳步提高土地出让收入用于农业农村比例,同时设立山区26县央行资金专项,建立重大项目吸纳就业机制,开发农村公益性岗位,保障有劳动能力的低收入农户每户就业不少于1人;针对企业用工需求、产业发展需求,为低收入农户提供清单式的技能培训服务,多维帮促低收入农户持续增收。此外,针对乡村振兴重点村,通过深入实施"1个村+1个驻村工作组、1个村级发展思路、1个特色主导产业、1个物业经济项目、1个村庄建设方案、1套村级治理机制"集成帮扶,以及集体经济相对薄弱村"千个单位扶千村、千个企业结千村、千个侨团(企)帮千村"帮扶专项行动来带动乡村发展。

三、奋力建设山区共同富裕示范区

1.衢州全力打造四省边际共同富裕示范区

四省通衢、五路总头,衢州历史悠久,底蕴深厚,同时它也是一座充满活力

---

① 中国网.浙江出台意见推动山区农民农村共同富裕[EB/OL].(2022-07-06)[2022-08-01]http://zjnews.china.com.cn/yuanchuan/2022-07-05/346946.html.

的城市。习近平同志在浙江工作期间，曾8次到衢州考察调研，作出了一系列重要指示和要求。衢州的广大干部群众牢记习近平同志的殷殷嘱托，紧盯高质量发展目标任务，紧密结合山区发展实际，在共同富裕的道路上干出一片新天地。杭衢高铁项目、南孔文化复兴、重大改革突破、最优营商环境、全国文明城市……这些都印证了衢州的发展。2021年7月，衢州审议通过《衢州高质量发展建设四省边际共同富裕示范区行动计划（2021—2025年）》，积极谋划推进"浙西新区"战略平台，聚焦聚力牵一发动全身的重大工作抓手，加快推动衢州跨越式高质量发展。全域均为山区县的衢州，全力打造四省边际共同富裕示范区，走出了一条独特的山区共同富裕发展之路。

一方面，聚力产业高质量发展，围绕"产业为王、工业强市"的战略，聚焦新材料、新能源、集成电路、智能装备、生命健康、特种纸等六大标志性产业链，全面实施工业强市十大专项行动，全力以赴招大商、招好商、招"链主"，为实现共同富裕注入最大增量。另一方面，重点围绕促进农民增收、壮大村集体经济，突出改革富民、平台富民，推动一二三产融合发展，让广大农民同步迈向共同富裕①。同时，以党建治理大花园统揽"产、村、人、文"融合发展为主线，提出了打造"衢州有礼"诗画风光带，构筑乡村大花园建设新格局；推进部市共建农业绿色发展先行市建设，发展乡村美丽经济；抓住农房体系构建和风貌提升"牛鼻子"，高水平建设美丽乡村大花园；推动"南孔文化"融入乡村，培育"衢州有礼"好乡风；坚持大党建统领大联动治理，打造乡村治理衢州样板；重点推进民生领域建设，全面创造农民幸福美好生活；突出城乡融合改革导向，健全乡村振兴大花园政策体系等七大振兴任务。

此外，衢州积极建设文化高地，优化公共服务，推动重点领域改革，首创碳账户体系，从"最多跑一次"打造标杆、"县乡一体、条抓块统"先行示范，到"碳账户碳金融""智慧助残"入围全省最佳应用，再到"大综合一体化"行政执法改革全域推开……在衢州，经济发展和生态保护相得益彰，勇于创新改革是其发展的重要特点。为提升农民收入，衢州市明确提出要以强村富民为核心，着力探索"扩中""提低"实现路径，打好产业、改革、就业、政策组合拳，巩固脱贫攻

---

①　汤飞帆.全力打造四省边际共同富裕示范区[N].农民日报,2022-01-12(2).

坚成果,推动农民收入持续快速增长①。在全市人民的努力下,衢州市生产总值从 2016 年的 1230 亿元提升到 2021 年的 1876 亿元,五年来,衢州财政总收入和一般公共预算收入年均分别增长 11.9％、9.8％,固定资产投资年均增长9％②。这些成绩很好印证了衢州的建设成效。

2. 开化奋力打造共同富裕山区样本

开化是浙江省 26 个加快发展县之一,是全市首批革命老根据地县,一方有着光辉革命历史的红色热土,也是长三角地区唯一的国家公园试点地区,具有十分丰富的绿色生态资源。但也因为区位受限,与沿海城市相比存在一定差距。如何破题共同富裕是摆在开化眼前的一道必答题。近年来,开化深入实施"生态立县、产业兴县、创新强县"发展战略,持续拓宽"两山"转化通道,全面推进乡村振兴,加快推动跨越式高质量发展,推进共同富裕示范区建设。2021 年,开化县提出了高质量发展建设共同富裕先行地的目标,全县以打造"七大先行示范"为抓手,以开展"七大赋能行动"为路径,以实现"七大共富场景"为载体,加快完善促进共同富裕的重点举措,系统构建促进共同富裕的体制机制,大干快干狠抓落实,聚焦聚力开拓创新,在民生服务、经济建设、城乡发展等方面积极探索,奏响了共同富裕的协奏曲。

同时,开化以建设国家公园城市为战略目标,以打造共同富裕先行地为实践路径,创新探索了"3433"共富联盟的打造,以开化特色农旅主导产业来构建"产业联盟",以实现"区域联盟"来推动县、镇、村抱团发展,共同推进产业共兴。从原先实施的"一亩高粱地、净增万元钱"等"五个一万"增收计划,形成"人人有事做,家家有收入"的新型个体产业模式,到如今构建以"区域联盟＋产业联盟"为主体框架的共富联盟,开化打破"单打独斗",将个体产业模式升级为组织协作模式。

2003 年,全国的恩格尔系数为 38.1％,开化为 49％;2021 年,全国的恩格尔系数为 29.8％,开化为 29％。近 20 年的奋斗,开化率先探索具有普遍意义的山区县共同富裕和现代化路径,深入实施"生态立县"发展战略,全力打通

---

① 衢州市人民政府. 衢州市人民政府办公室关于聚焦农民收入持续快速增长推动共同富裕的若干意见[EB/OL]. (2022-02-04)[2022-08-01]. http://www. qz. gov. cn/art/2022/3/1/art_1229554101_59008883. html.

② 浙江日报. 闪亮"浙"五年｜衢州:奋力建设四省边际共同富裕示范区[EB/OL]. (2022-06-07)[2022-08-01]. https://baijiahao. baidu. com/s? id=1734928849522828162&wfr=spider&for=pc.

"两山"转化通道,将生态优势转化为产业优势,人民生活水平不断提高,逐渐成为全省高质量发展新的增长点。

本章小结

实现共同富裕是中华民族几千年的理想和追求,是马克思主义共享理论的中国化实践,体现了社会主义的本质要求,是中国共产党矢志不渝的奋斗目标。中国共产党自成立以来,坚持马克思主义基本原理与中国革命、建设、改革和发展实践相结合,把全心全意为人民服务作为一切工作的出发点和落脚点。从集体化奠定乡村共同富裕的经济基础,到改革开放为乡村共同富裕提供不竭动力;再到建设社会主义新农村、乡村振兴,党和国家一直将实现乡村共同富裕作为重要的目标和使命,并结合中国的具体实际,对共同富裕进行了积极探索,成功开辟了一条具有中国特色的共同富裕道路。随着实践探索的深入,我国乡村共同富裕的实践框架和建设蓝图逐渐明晰。要实现共同富裕,乡村振兴是必经之路。乡村振兴不仅要巩固脱贫攻坚成果,而且要以更有效的措施来加快推动农业农村现代化、提升农业供给质量、提高农民收入与生活水平,继而推动全体人民共同富裕迈出坚实步伐。浙江是习近平新时代中国特色社会主义思想的重要萌发地,也是践行习近平总书记关于"三农"工作重要思想的先行省份。一直以来,浙江坚持农业农村优先发展,坚定不移推进农业供给侧结构性改革,着力构建现代农业产业体系、生产体系、经营体系,扎实推进美丽乡村建设,有力促进农村一、二、三产业融合发展,走出了一条具有现实意义的乡村振兴之路。

思考题

1.我国古代共同富裕代表性思想有哪些?

2.马克思主义共同富裕思想中国化的代表性思想有哪些?

3.共同富裕的理论逻辑是什么?共同富裕的科学内涵是什么?

4.我国对乡村共同富裕的实践探索有哪些?

5.浙江在推动乡村振兴中采取了何种措施?取得了何种效果?

拓展阅读

1.习近平.决胜全面建成小康社会 夺取新时代中国特色社会主义伟大胜利——在中国共产党第十九次全国代表大会上的报告[M].北京:人民出版社,2017.

2.中共中央党史和文献研究院.十九大以来重要文献汇编[M].北京:中央文献出版社,2019.

3.中共中央文献研究室.十八大以来重要文献汇编[M].北京:中央文献出版社,2014.

4.中共中央宣传部.习近平新时代中国特色社会主义思想三十讲[M].北京:学习出版社,2018.

5. 温铁军,张孝德.乡村振兴十人谈[M].南昌:江西教育出版社,2018.

6.胡鞍钢,鄢一龙,魏星.2030 中国迈向共同富裕[M].北京:中国人民大学出版社,2011.

7.刘元春,宋扬,王非,周广肃.读懂共同富裕[M].北京:中信出版集团,2022.

8.厉以宁,黄奇帆,刘世锦,蔡昉.共同富裕科学内涵与实现路径[M].北京:中信出版集团,2022.

关于金星村:"人人有事做,家家有收入。这就是新农村。"

关于茶产业发展:"开化龙顶茶现在已是全国知名,我们喝一点开化龙顶茶都很好的,种茶叶是大有前途的!"

关于干群关系:"给群众一个明白,还干部一个清白。"

关于金星村环境:"这个村子绿化现在也很好,美化也很好。这个村大有希望,在全省来说,都是有特色的。"

——2006 年 8 月 16 日,习近平总书记调研金星村的相关讲话

第二章 美丽蝶变:金星村推进共同富裕的演进与成效

本章要点

本章首先系统总结了新中国成立后金星村推进乡村振兴和共同富裕的四个发展阶段,然后选取了金星村发展的五个方面、三位书记、多个重要时间节点和重要工作,全方位展现了金星村推进乡村振兴和共同富裕的发展历程和主要成就,阐述了金星村如何落实习近平总书记指示精神,打造开化县乃至整个浙江省乡村振兴和共同富裕的典范。

1.纵观金星村新中国成立后的发展历程,金星村通过选好村支书、建强村班子,建立新制度,密切党群关系,在三任书记为核心的村两委领导下,依靠群众,发动群众,形成了乡村振兴和共同富裕的强大动力。

2.依托独特的红色资源和优越的生态环境,金星村大力发展红色教育培训产业,扩大茶叶种植,发展农村电商。同时,金星村还鼓励村民积极发展农家乐,引进新型农业经营主体和乡贤发展民宿和乡村旅游,通过实践"两山"理念,以美丽经济支撑共富金星。

3.金星村通过三张规划图谋划了村庄建设格局,通过"五水共治"全面改善了村庄生态环境,通过美丽乡村攻坚行动全面提升了人居环境和村庄风貌,为金星村社会经济发展奠定了基础。

4.金星村依托红色文化、茶叶文化、生态文化和乡土文化,通过联动产业、发动群众、引进专家、输出模式等形式,开展各种上接天线、下接地气的文化活动,以文化润心实现乡风文明,助力金星村打造精神和物质共同富裕的样板。

5.金星村的村两委班子以身作则、干在实处,发扬民主、公开公平,畅通民情、倾听民心,以强带弱、均衡发展,处处以群众利益为先,处处以群众所想而想,构建了和谐善治的村庄治理格局,有力助推了金星村共同富裕建设。

金星村作为开化县乃至浙江省推进乡村振兴和共同富裕的先行者和领头羊,除了历届村班子带领村民艰苦奋斗、真抓实干外,更受到国家大政方针、省市县各级相关政策和外部环境的巨大影响,是随着我国社会经济发展不断成长的过程。金星村在新中国成立后的发展历程,大致可划分为四个阶段,分别是:(1)1949年到1977年的集体化时期。在该阶段,金星村与其他绝大多数村庄一样,经历了土地革命、合作化运动、"大跃进"、人民公社化等重要发展历程。但即使在相对僵化的集体化时期,金星村仍然通过各种途径搞好经济建设和社会治理——形成植树造林传统、创新储备粮制度、树立农业学大寨的金星样板等等,无不彰显着金星村在集体化背景下的同与不同。(2)1977年到1994年的改革开放初期。该时期的金星村,打破了集体化时期的僵化制度,随着家庭联产承包责任制的建立,金星村的发展迎来了全新面貌。通过进一步植树造林,让村民享受丰富林木资源带来的生态红利;通过推进农田水利建设,全面提高金星村生产效率和安全保障;通过制定村庄规划,逐步确定未来村庄发展格局。(3)1994年到2006年的新农村建设时期。1994年,在原来良好的社会经济发展基础上,郑初一书记率领村两委进一步改革创新。在党的建设上,以身作则,改进村班子工作方式方法,密切干群关系;在经济发展上,大力引进茶叶种植,大大提高了村民收入;在村庄建设上,不断优化村庄布局方案,以扎实的工作推进村庄有序发展。(4)2006年至今的美丽乡村建设时期。2006年,时任浙江省委书记习近平视察金星,留下了一系列指示。此后的14年时间里,金星村在郑初一书记为核心的村两委率领下,通过林权制度改革、五水共治、美丽乡村建设等工作,将金星村从一个普通的山区村庄,打造成为产业兴旺、生态宜居、和谐善治的省级乃至国家级样板村。从2021年开始,浙江省全面推进数字化改革,全面开展共同富裕示范区建设。金星村抓住机遇,在新一届村两委带领下,大力推进乡村旅游和民宿经济,加快落地红色教育培训产业,积极利用数字技术赋能村庄治理和公共服务。一个主导产业兴旺发达、主体风貌美丽宜居、主题文化繁荣兴盛的未来"金星"正冉冉升起。

第一节　先进村支书带出优秀好班子

村庄的发展离不开村两委的坚强领导。新中国成立后,金星村历经三任村支书,建立了强有力的村两委班子,凝聚了广泛的群众基础,带领金星村一步步从一个普通的浙西山村发展成为乡村振兴和共同富裕的样板。

一、三任好书记引领金星村发展

村庄要发展,村班子是关键,村支书是核心。纵观金星村新中国成立后70多年的奋斗历程,主要经历三任村支书,每一任都在自己的岗位上为村班子建设和村庄的全面发展起到了巨大作用。

1. 兢兢业业的徐海田书记

徐海田(1930年11月—2006年1月),1949—1977年期间担任金星村第一任党支部书记,曾任开化县委委员,龙山底乡党委书记。新中国成立之初,金星村原名为深渡村,直到1958年全国开展"大跃进"运动,深渡村才改名为金星村。1949—1955年,与全国大部分地区一样,村里主要组织形式是农民协会,徐海田是农协书记。1955年,村里成立党支部,徐海田任支部书记。此后一直到1977年,徐海田一直是金星村支部书记,虽然其中1954年到1967年徐海田书记因为担任龙山底公社书记,金星村书记职能由时任大队长的许水法代替履行,但很多工作和决策仍由徐海田书记共同参与。金星村在集体化时期的发展,一方面根据国家意志贯彻落实了这一时期的各种路线、方针和政策,但另一方面,却又在集体化背景下走出了一条具有金星村特色的致富之路。

徐海田书记从1965年开始带领全村人民形成了每年大年初一植树造林的传统,平时劳动之余也积极上山种树,一方面是让遭遇山林大火的山体重新复绿,另一方面则团结村民,带领村民形成了保护山林保护生态的思想和行动。徐海田书记还创新了储备粮制度,一是响应国家号召,二则是为了帮助村民渡过难关。当时全国普遍存在口粮不足的现象,金星村为了保证不会出现饿死人或者有村民需要靠大量借粮度日的情况,把一般村子按年分粮的制度改成了按月分粮,但按月分粮还会有部分农户出现断粮的情况,最后决定改成了半个月分粮，每年分 24 次。这样一来，虽然每次分粮的数量不多，但基本上保证了各家各户不会出现长时间缺粮挨饿的情况。金星村的储备粮制度建立之后，由于运作得当，储备粮数量逐年增多，不仅很好地解决了本村村民缺粮的问题，还能够向其他公社（大队）出借粮食。于是，金星村的储备粮越来越多，到 1977 年前后，金星村的储备粮达到了四十多万斤，甚至有江西的一个县来联系借调粮食。

因此，金星村通过植树造林有林木售卖收入，又通过储备粮制度有充足的粮食保障，金星村的村民生活一直以来都是周边镇村中过得最好的。此外，为了更好地推进金星村村庄建设，徐海田书记还通过村内小学老师的帮助绘制了金星村村庄道路"五纵四横"的第一份蓝图，为金星村日后打造成为美丽乡村样板村奠定了基础。

2. 承上启下的徐渭生书记

徐渭生（1939 年 7 月—2016 年 8 月），担任金星村第二任党支部书记。1977 年，徐海田书记再赴龙山底公社担任书记，金星村书记由原大队长徐渭生接任。徐渭生曾担任生产队长、副大队长等职务，经验丰富，群众基础较好，其任期从 1977 年一直到 1994 年。

在徐渭生书记的带领下，全村继续坚持植树造林，山林面积达到了一万多亩，每个人平均有十几亩的山林地，既提高了金星村的森林覆盖率，也为金星村村民找到了一条靠山吃山的致富路，金星村也在 20 世纪 90 年代初创成全国绿化造林千佳村。此外，20 世纪七八十年代的金星村农田基础设施落后，生产道路狭窄，水利设施落后，田块地块分散无序，一旦发生旱灾或者洪灾，金星村田地很容易干旱或者被淹。于是，徐渭生书记积极带领村民开展"三纵四横"的农田基础设施建设，靠着一根根扁担、一筐筐土石愣是沿山修建了 2000多米的防洪堤，从此无论山洪多大，金星村的农田都没有了水灾隐患。同时，徐渭生书记还发动村民建造了金星大桥。那时候的金星村，外出交通主要靠摆渡，交通极为不便，去镇里或者县里要花费很长时间。徐渭生书记号召村民投工投劳，以扁担、铁锹等原始劳动工具，一步步将金星大桥修建成功，结束了金星村无桥的历史。1994 年徐渭生书记荣获"衢州市劳动模范"荣誉称号。

3. 开拓创新的郑初一书记

郑初一，1961 年 3 月出生，1990 年 2 月入党，在职大专学历，现任浙江省委第十四届委员，开化县华埠镇金色党建联盟书记。先后被评为省、市、县优秀共产党员,衢州市最美治水人,浙江省千名好书记,全国劳动模范,当选衢州市第四届党代表,衢州市第五、第六、第七、第八届人大代表,浙江省第十三、第十四次党代表,第十八次全国党代表。2020年6月当选为浙江省委第十四届委员,开化县华埠镇金色党建联盟书记。

郑初一书记不是土生土长的金星人,但从18岁开始就担任村干部,从1994年开始担任村支书,当了42年的村干部,其中26年是村支书。郑初一书记于2012年当选为十八大代表,2017年6月当选为浙江省委第十四届候补委员。2020年6月18日递补为浙江省委第十四届委员。他始终坚持用心为民办实事,带领村干部和群众新建大桥,绿化村庄,建成文化礼堂、老年服务中心,建起休闲公园,开展治水造景,创建3A级景区村,让金星村成为宜居、宜游、宜业的美丽新农村。他始终坚持做农民群众的贴心人,把村民的事当成自己的事。他成立"初一党代表工作室",广泛听取群众意见,及时为群众排忧解难。他始终坚持做党员干部的表率,要求党员做到的,自己带头做到"干在一线,勇于担当"。郑初一书记被授予"省劳动模范",成了金星村的一张金名片。

二、优秀村班子服务金星村发展

一个好汉三个帮,金星村有了好书记,还要有一个好的村班子的配合和努力,一个具备坚强党性、作风优良、能力出众的村班子是打造金星样板的必不可少的重要力量。

1.优化村班子结构

在镇党委的统一领导下,金星村在最近的村社换届中,选优配强村两委班子。换届后,村两委文化程度明显提升,高中以上文化程度达到7人,大专以上文化程度达到5人,年龄结构也趋于合理,村两委平均年龄比上届年轻7.4岁。村班子大胆起用年轻干部,因才分工。85后周飞城曾在华埠镇派出所担任辅警,村里的民事调解和工程项目便让他负责;妇联主席陈文英办事细心妥当,全权负责疫情防控、民宿发展;老党员钱金雄对村里的山山水水最了解,农业、林业项目都由他主持。正是有了结构合理、各尽其能、一心为民的村班子,金星村的未来才会更加耀眼。

2.强化村班子制度

金星村始终坚持将管党治党放在首要位置,研究出台了《金星村两委干部考核办法》《金星村党员大会制度》《金星村村干部十条"军规"》等相关制度,全面落实"三会一课"制度,不定期召开支部会,每月15号定期召开党员大会,形成了集体研究、民主决策的良好机制。

坚持实行村两委的夜间值班制度。郑初一书记上任后,要求所有村干部每天晚上到村委值班和学习。该规定一方面可以让村干部与村民适当保持一定距离,防止村干部将村两委决策轻易泄露给村民,有助于消除各种谣言和误会,防止村干部与村民一起阻碍村中各种工作的开展;另一方面,也有助于村干部利用晚上空余时间集中学习相关文件,熟悉各项方针政策,提高干部综合能力,加强干部之间的团结。

金星村还始终坚持"重大事情商量办",建立完善群众民主参与机制,使得干部群众更具凝聚力。金星村每周至少召开一次两委班子会议,讨论研究涉及集体和村民利益的重大事项,村级事务做到科学民主决策;每月召开群众民主议事会,将村两委工作计划、项目安排等事项提交会议讨论决定,在村级事务管理中汇聚群众智慧;每半年召开一次群众(户主)会议,按照村民提议、村两委商议、党员大会审议、群众议事会决议,讨论议题公开、商议过程公开、决议结果公开的"四议三公开"程序,将工作计划、项目安排、村干部述职评议、入党积极分子推荐,以及涉及群众切身利益的重大事项全部提交会议讨论决定,在村级事务管理中充分汇聚民意民智。

3. 坚守村班子初心

金星村的村班子始终坚守为人民服务的初心,从第一任村支书开始,村干部从来不插手村里任何工程。金星村有个不成文的规定:干部竞选前就要有甘心"吃亏"的准备,希望村干部用公正廉洁博得村民信任,自己让利换村民"享福"。干群关系不和谐,很多时候往往是因为村干部凭借着职务便利,利用手中权力以自己或者亲属朋友的名义直接或间接插手村内各种项目和工程,从而达到以权谋私和以公谋私的目的。郑初一书记上任后,规定村干部一律不得以私人名义插手和承接村中各种工程建设,而以服务和协调为主,通过该规定有助于保证村干部的清正廉洁,树立村干部威信,减少村民对村干部的不满和怀疑。

金星村还逐步规范群众办事程序,全面落实"最多跑一次"。以前金星村群众办事,多喜欢私下跑到书记或主任家中寻求解决,既不正式,也缺乏公开透明,难免给人以办事靠人情、干部以公谋私等嫌疑。郑初一书记上任后,要求群众办事统一到村委办公室,明确不同的事务由具体分管村干部负责,重大事务由村两委共同商议解决,村民不清楚、不方便、不熟悉的各种事务,由村干部到华埠镇或开化县统一代办,大大方便了群众办事和解决问题。通过该规定,一方面有助于减轻书记或主任的个人工作量,提高了普通村干部参与村内事务的积极性;另一方面有助于村民方便快捷、公开公正地办事,让广大村民心服口服。

三、党员联村民共助金星村发展

良好的干群关系是搞好村庄治理,加快村庄发展的基础。一直以来,金星村都呈现出干部群众一条心搞生产搞建设的良好局面。近年来,金星村更加牢固树立党建统领的工作理念,将党员联户紧不紧、组团联村实不实作为检验基层党建工程的硬性标准和刚性要求。建立党员联户"赋权增效"机制,赋予联户党员审批把关权、福利提名权、评优否决权、入党推荐权等,达到权责相符,确保党员联户联出实效。按照"组织建在网格上、党员融入群众中"的总体要求,将村两委干部分派下沉至 2 个网格中,由 2 名支委担任网格党小组长,每名党员村两委包干联系 6 名党员,每名党员负责联系 10 家农户、重点结对帮扶 1 名困难户,打通服务群众"最后一公里"。

同时,金星村遵循地域相邻、平等自愿、优势互补、互惠互利、共同发展原则,与周边 8 个村结成金色党建联盟,发挥郑初一同志兴村导师作用,通过导师帮带、交流比拼,实现互促共进。如邻村下溪村因沟通交流不顺畅,重点项目推进滞后,加入党建联盟后,在金星村党支部的帮助下,仅用 35 天时间就完成了"百里黄金水岸线"工程下溪段 115 户农户的征地协议签订、土地丈量等工作。

【案例 2-1】金星村坚持"铁规"不动摇

农民看党员,党员看干部。一直以来,金星村两委班子始终坚守不插手村里工程项目的"铁规",干净干事,清白做人,不谋私利,为老百姓办实事。至今没有一名村干部出过事。

在 2001 年的时候,村干部还可以承包工程,当时 205 国道与村的接线已决定由郑初一书记来承包,可以赚得 20 余万元,这对当时的郑初一书记来说,是一笔"巨款"。但是,初一书记想着,如果他赚了这个钱,那村主任怎么想,两委干部怎么想,势必会引起矛盾,影响凝聚力,不能因为"小利"而坏了规矩。所以,郑初一书记拒绝了,提议由村的名义进行承包,所得利润汇入村集体,用于村庄建设发展。在这项"铁规"下,老百姓越来越信任村干部,越来越"依赖"村干部,村干部做事也多了一份底气。

案例简析:

金星村的村干部不插手村内工程项目的"铁规"瞄准了村庄小微权力运行过程中的腐败问题,解决了村民关心的村干部是否会以权谋私、以公谋私问题。"铁规"不仅制定得好,而且还执行得好。郑初一书记以身作则,不为金钱所动,带动全体村干部全面遵照执行,大大提升了村干部的廉洁自律水平和老百姓的信任程度,为构建良好的干群关系,促进干部群众齐心合力搞建设奠定了良好的基础。

【案例2-2】金星村探索"六堂"模式

2019年6月以来,衢州市创新开办千余个乡村振兴讲堂,全面破题新时代农村党员群众教育,在服务乡村振兴和基层治理中取得了明显效果。截至2021年,全市乡村振兴讲堂已开课7.2万多堂,教育培训党员群众524万余人次,受到了广大基层党员群众的欢迎。金星村紧扣市委、县委关于建设乡村振兴讲堂的统一部署,探索实施"六堂"模式,打造乡村振兴讲堂金星样本,实现对象全覆盖、资源全整合、阵地全下沉。自开展试点以来,金星乡村振兴讲堂已覆盖本村及周边农民党员3000余人次,各教学点吸引党员群众走进讲堂1200余人次。

一是特色立堂。坚持因村办堂、一村一品,探索"红色、金色、绿色"三色模式。一者突出"三色相映"主题。主打"红色教育",挖掘"新中国成立之后矛盾不出村"的党建治理典型教学案例;深挖"茗游居"陈建军乡村旅游、"深渡客栈"童年苟农家乐等"金色"教学案例;收集党员群众共植树、共禁渔、共护老银杏树的小故事,办好"绿色发展"讲堂。二者突出三套体系课程。以创建基层党建"红色传承"、"两山理论"实践路径、基层治理"幸福金星"三套体系为载体,开发"初一夜话""银杏树下话党恩""金星一课"等特色课程。三者突出"三三融合"载体。利用乡村振兴讲堂,将党员教育主阵地、乡村振兴主平台、基层治理主舞台和县委组织部"三个三千计划"相融合,开展农民党员轮训、巾帼创业培训、文明礼仪进讲堂等活动。

二是多点建堂。坚持探索"1+X"乡村振兴讲堂"综合体",以金星讲堂为核心,辐射周边村社,打造一核多点的"米"字型乡村振兴讲堂格局。一者用活资源,建优主讲堂。依托村级文化礼堂、农民书屋、初一党代表工作室、网格议事厅等现有资源,打造党员课堂、农民学堂、文体乐园、教学展厅等为一体的多功能主讲堂。二者围绕核心,建好教学点。突出"固定+流动"办学理念,分层分类设置教学点。目前,金星村已建成气糕师、竹编师、名厨师3个"乡土工匠"专业技术教学点和"银杏树下话党恩""初一夜话"2个红色文化教学点。三者辐射周边,建强实训地。以金星村为核心,辐射下溪村、朝阳村、华民村、七一电器、新四军集结地旧址、花牵谷等周边村企和景区作为金星乡村振兴讲堂实训基地。

三是开放办堂。坚持"开放融合、互惠互利"的办学理念,做到对象扩面、阵地开放、师资共享。一者对象扩面,组织发动全覆盖。依托千年古镇生态华埠公众号、金星"大喇叭"、网络"初一日志"等媒介,宣传课程计划,扩大金星乡村振兴讲堂的覆盖面,吸引村民、游客参与。二者阵地开放,教学资源全共享。用好用活教学实训基地,各村以实际需求为导向,开班设会。如在金星村开办农房管控专题班次,在周边下溪村举办农房管控现场会,实现学在金星、干在周边。三者放大格局,师资力量全统筹。整合市县乡村四级师资力量,组建"专职+兼职""专业+乡土"多元化师资队伍,推动开放教学、流动教学。自金星乡村振兴讲堂开办以来,治村导师郑初一到柯城区、江山市等地授课5场次,同时,邀请王衍君等治村名师到金星授课。

四是专家下堂。整合资源优势,引入各级专家办学,实现专业人才"下得去",培训内容"用得了"。一者群众点单有计划地"下"。通过"线上+线下"的方式收集民意,制定教学计划,邀请专家入堂指导。如为满足群众建设"钱江源大花园"典范村的迫切愿望,邀请中国美院、县文广旅体局相关专家指导制定村庄整体规划提升方案。二者紧贴中心主动地"下"。聚焦农房管控、美丽乡村建设等中心工作,安排专家干部蹲村入网宣讲,如金星村创建"无蚊村",县卫健局专家主动入村培训,深入网格和农户家中现场教学。三者研学互动常态化"下"。围绕村级主导产业设置讲学研学基地、涉农实训基地,常态化开展农民致富技能培训。如金星乡村振兴讲堂邀请农技专家、职教老师、致富能人等定时开展农村淘宝、旅游发展、龙顶茶种植等专项技能培训。

五是百姓上堂。坚持"农民故事农民讲、农民讲给农民听",发动党员群众主动宣讲党的知识、乡村故事、创业经验。一者开设党员"微党课"。村党支部依据每位党员特长,制定领学清单,落实备课和评课制度,讲课情况列入先锋指数考评,倒逼党员主动研学、积极交流,形成党员既是教的主体、又是学的主体的"双主体"格局。二者设立网格"微讲堂"。推行网格例会、网格夜话等制度,让网格员以现场实践的方式讲解如何化解邻里纠纷。金星村以"微讲堂"形式已解决群众实际问题278件。三者用好乡村"微发布"。安排乡土讲师团成员,每周定期在乡村振兴讲堂,通过"线下+线上"的方式,用方言讲述国内外大事、乡村新鲜事、当地好故事。

六是以堂养堂。坚持实体化运作、市场化运营,使乡村振兴讲堂成为强村富民的新动源。一者发展培训产业,以堂强村。宣讲村级优势讲堂资源,吸引各类专业培训机构来村办学,通过场地出租、提供实训基地等途径,发展村级集体经济。金星村先后与浙江外国语学院、衢州农民学院、温州农民学院、县委党校等开展合作办学,2021年以来承办各类培训班172批次,为村集体增收22万元。二者提高农民素质,以堂富民。一方面,培训经济带来吃住行,推动民宿经济发展。如近期承办的全县首期乡土讲师培训班,为金星村农家乐和民宿带来近6万元的营业收入。另一方面,通过培训提高农民就业技能,为产业振兴提供智力支撑。如开化东方大酒店开设"待客礼仪"课程,切实提升金星村民宿管理服务水平,"心渡"民宿和"二食一宿"两家民宿成功获评全市"金宿"奖。

案例解析:

金星村依托"县乡一体、条抓块统",不断巩固"不忘初心、牢记使命"主题教育成果,抓实抓好党员群众的教育,让金星村成为炙手可热、人心向往的地方,乡村振兴讲堂成为一块新的"金"字招牌。乡村振兴讲堂通过村情通平台收集课程需求,邀请专家、乡贤、业务能手等围绕村民现下最关心的问题、与村民最息息相关的工作,通过"线上+线下""集中+分散"的方式,开设技能培训、产业发展、扶贫消薄等方面的课程培训,提升群众就业创业的能力,帮助致富增收。

第二节 依托优势资源发展特色产业

产业兴旺是乡村全面振兴和推进共同富裕的前提和基础。金星村始终牢记总书记的嘱托,切实把"绿水青山"转变为"金山银山",变"种种砍砍"为"走走看看",充分挖掘红色教育、休闲旅游、绿色发展等方面优势资源,发展特色产业助力共同富裕。

一、依托山林资源壮大农业产业

近年来,虽然金星村产业已经从"种种砍砍"为主的传统农林产业转变为"走走看看"为主的乡村休闲旅游产业,但基于金星村丰富的山林资源,历经几任书记带领村民精心经营,利用山林地发展特色林茶产业仍是村民增收致富的重要来源之一。

1. 转型发展农林产业

改革开放前后,在金星村村两委的带领下,金星村村民建设了杉木林基地4000多亩、松木林2000多亩,发展了毛竹500亩,茶叶500亩,蚕桑68亩,基本消灭了荒山,木材蓄积量已达91000多立方米。此外,各生产队都办起了畜牧场,生猪饲养量每人每亩都在一头以上;还办起了砖瓦厂、茶厂、粮食、饲料加工、运输队、竹编等13个队办企业,企业总收入达7万元,呈现出了农林牧副业、全面发展,集体经济欣欣向荣的良好发展局面。

但随着国内外发展形势的变化,队办企业逐渐遭到淘汰或转型,全村亟须引进新的产业进一步保障村民增收和村庄发展。从20世纪90年代初开始,徐渭生书记承包了村内的三四十亩荒地带头种茶叶,经过几年的试种和销售,经济效益明显,后来就有很多村民也跟着一起种植茶叶。2003年,村支书郑初一从县特产局引进茶叶优质苗,进一步带领群众大规模种植茗茶。

在时任浙江省委书记习近平视察之后,村里以更大力度发展茶叶产业。2006年,村里出台政策,每亩茗茶补助苗款200元,多种多补,并邀请专家进村开展选种选苗、种植、加工等方面的培训。通过带头试验示范,政策引导,如今,全村已发展茗茶1000多亩,茶农从当初的两三户发展到现在的220余户,实现家家户户种茗茶。为了方便茶农加工和销售,村里办起了茗茶加工厂。2008年,金星村开始启动集体林权制度改革,将村集体的近万亩山林分给各家各户,鼓励老百姓种茶叶,又成立茗茶专业合作社,实现统一加工,统一销售。到2021年,金星村几乎每个人都有一亩茶园,98%的家庭从事茶叶行业,建立了5个茶叶加工厂,人均增收1万余元,村里每年增收300多万元,"绿叶子"真正变成了"金叶子"。

2. 积极发展特色产业

在传统的农林产业之外,金星村还在习近平同志视察后,根据他的指示大力发展以无花果为代表的特色产业。当年习近平同志亲口品尝了刘玉兰老奶奶家种植的无花果，大为赞扬，鼓励村民多种一点。刘玉兰老奶奶把习近平同志的话转告给在外工作的儿子周平，周平听说后，决定扩大无花果的种植规模，开发无花果系列产品，光这一项每年就有十几万元的收入。在周平的带动下，金星村建起无花果种植基地，并不断扩大种植面积，同时开发出无花果酒、无花果饮料、无花果酵素、无花果的香皂、无花果果脯、果干、果茶等系列产品，把小小的一棵无花果发展成覆盖全省、辐射全国的大产业。

近年来，金星村还着力打造巨人稻实训基地。目前已从中国科学院亚热带农业生态研究所引进高产优质巨型稻（亩产预计可达 1000 公斤），并开展 15 亩试用田建设。试种成功后，下步将发挥实训基地作用，在全镇全面推广巨人稻，以进一步提高农业经济效益，增加农民收入。

3. 创新发展农村电商

开化县委十四届十次全会提出，要从"路径依赖症、山区自闭症、落后习惯症、行动迟缓症"中解放出来，求变谋变应变、融合融入融通、对标树标争标、寻机抢机创机。通过前期村庄产业发展，金星村已经具备了较好的一、二、三产业基础，郑初一书记和村两委认真研究了如何通过引进和培育农村电商，进一步促进村庄产业的迭代升级。金星村为了大力推动农产品网上营销、加快电子商务发展，村里多次组织人员参加电商培训班，每年通过培训班培训 100 余人次。金星村抓住电商发展风口，鼓励村民发展各类农村电商，并已初具规模。2019 年，金星村开设网店有 100 多家，电商年交易额达 1500 多万元，有近 230 人从事电商行业，成为当年的全省电商镇村。

【案例 2-3】瑞红茶叶商行的发展印记

2006 年时任浙江省委书记习近平视察之后，金星村的蜕变故事正是"八八战略"在乡村地区的生动实录。

"林业发展效益好，能增加百姓收入，还能提高森林覆盖率。"村两委望着青山，下了决心，在 2008 年全力推行林权改革，将近万亩山林分给农户经营。村民足不出村就有稳定收入，护绿种绿的热情被激发。

在这次改革中，具有经济头脑的王瑞红夫妻率先开山种茶，"开化龙顶是个好品牌，不好好种起来就太可惜了。"王瑞红夫妇从事茶叶行业已经有 20 多年了，从三十一二岁就开始种茶、炒茶。原来一直在其他地方开办茶叶加工厂,十多年前,随着村里的环境越来越好,政策越来越好,王瑞红夫妇回到村里,以前是租的村里的房子,后来用自己的房子开办了茶叶加工厂。王瑞红夫妇最多的时候曾经承包了150多亩茶园。随着劳动力成本越来越高,承包茶园逐年减少,但目前还有五六十亩茶园。他们不仅自己种植、采摘、加工茶叶,也为全村其他茶农提供服务,并为他们代销。

10余年的耕耘,王瑞红夫妻成了村里响当当的茶叶大户。不必外出务工,在家门口就能实现致富,首批茶农的成功"试点"带动起全村的行动。"如今村子里几乎家家户户都种茶叶,还有多个茶叶加工厂。大家一听是金星村的茶叶,都说你们村环境好,茶叶放心。"王瑞红还有一个打算,在村里张罗开一家茶馆,"升级"茶叶产业链。

案例简析:

瑞红茶叶商行的发展是金星村发展壮大农业产业的一个缩影。王瑞红夫妇从当初到外面租厂房、开门店,再回到村里,在自己熟悉的环境中从事茶叶的种植、加工、销售,实现了在地化的产业发展和增收致富,这是金星村整体社会环境、经济环境、生态环境等全面改善,社会治理和公共服务全面提升所产生的吸引力,才能使得村民可以回乡创业就业。

二、依托绿水青山发展乡村旅游

金星村位于马金溪畔,绿水青山,空气清新,离华埠镇、开化县城较近,交通便利,因此,金星村充分发挥地理区位和生态环境优势,大力发展乡村旅游,鼓励、引导乡贤回归开办农家乐和民宿。

1. 内培外引发展民宿产业

利用乡村休闲旅游度假日益受欢迎的发展趋势,金星村出台优惠政策,鼓励村民改造自家房屋发展农家乐和民宿,同时,也引进村外投资人和投资主体利用村内闲置农房发展高端民宿。金星村在马金溪畔建成了民宿一条街,各有特色的民宿错落有致分布,或鸟语花香,或高端大气,在节假日吸引着远近客人前来休闲度假。目前,金星村共发展民宿(农家乐)23家,其中省级金宿2家,银宿1家,床位200余张,全年吸引远近游客10余万人,带动了200多户农户从事乡村旅游。23家民宿大部分为本村村民自筹资金改造农房开办,同时也吸引了部分外来投资者。金星村在老幼儿园地块与两山集团谋划的星宿项目就是为进一步提高金星村民宿产业发展水平新引进项目的代表。另外,两山集团还成功收储了三栋民居用来改造为民宿。以上项目若全部建成后将可以同时容纳300人左右吃饭住宿,为金星村村民和村集体的增收带来更多可能。

2.农旅融合实现多元发展

乡村旅游光有农家乐和民宿还远远不够,必须有较为成熟的服务配套,形成吃住行游购娱全链条综合性发展的格局。在民宿大量发展的基础上,为进一步提升金星村的住宿及餐饮规模,金星村与浙建投、开化城投集团等达成合作,投资乡村主题酒店(金星党建培训基地)、田园综合体、工程设备租赁等项目。在大草坪地块与浙建投谋划的党建培训中心项目建成后,为开化大花园建设又增加一处旅游观光休闲"后花园"基地,将极大地吸引人气,实现链条式农、林、渔业多产业联动发展,给当地农民的农产品、农家饭店、民宿业等带来机会。

3.联动景区共建共享发展

乡村旅游要做大做强,不仅要立足自身资源大力开发,还要联动周边景区和村落形成组团式发展。在金星村附近的花牵谷景区是国家AAA级景区,占地约1200亩,已建成玫瑰园、梅园、竹园、樱花园、杜鹃园、宿根园、水生植物园、山体篱园8大园区,上千种名贵花木异彩纷呈,美不胜收。景区规划有卡丁车、滑草场、儿童游乐场、迷你高尔夫、悠波球、户外拓展等众多娱乐项目,与缤纷瑰丽的花卉构成欢乐的海洋。近年来,景区以爱情为主题融合网红打卡点进行提升改造,引进呐喊喷泉、网红泡沫、拓展VR、玻璃水滑道等项目,着力打造"浙西第一网红体验区"。金星村充分利用紧邻花牵谷景区的区位优势,与景区联动,在村内设置了花牵谷景区游客接待中心、停车场、旅游公厕等配套设施,将民宿等优势产业发挥出来,做好景区大配套,实现协同发展。

通过这些项目,预计三年内金星村村集体经济收入将达到300万元以上,真正实现"人人有事做,家家有收入",变"绿水青山"为"金山银山"。

【案例2-4】徐卫团——从原乡人到民宿主

徐卫团一直是村里不安分的孩子之一。因为不想种地,徐卫团从学校出来后,就到城里跟着别人修摩托车,三年后在镇子上开修理店创业,但创业之后,由于老百姓的生活条件逐年变好了,骑摩托车的人越来越少,生意也渐渐不如以前。

"六年前,我和几个朋友在丽江待了两个月,住在民宿里,很有家的味道,那时,我就想,我们村不比他们差啊,心想回去我也可以开一家,让游客在村子里能有地方住"。2016年,修了十几年摩托的徐卫团最终选择回到村里,回村后,郑初一书记和徐雨录主任等就鼓励他转型做农家乐,刚开始他很犹豫,特别是前期要投入一大笔资金,为了鼓励他,村两委一起凑钱借给他,还说如果生意不好,就不要他还钱,这才让他下定决心,投了40多万元把自家房子里里外外装修了一番,当年就开始试营业,金星村的第一家民宿就这样诞生了。他的民宿不大,目前只有1个客厅、5间客房、1个餐厅、1个厨房,可他觉得这样刚刚好,可以有足够的精力把每个房间布置好,为游客营造出家的感觉。

现在,徐卫团经营的深渡客栈,生意特别好,平均每天净利润近千元,忙的时候提前1个月都不一定预订的到。徐卫团说,不仅自己收入提高了,父母的收入也增加了,"我父母靠茶园和林地,一年有6万元左右的收入",而一家人在一起,生活幸福指数也大大提高。据统计,2006年时,金星村1/3的劳动力都在外打工,现在这个数据已经降为1/7。当年没有乡村旅游,如今每年吸引远近游客20余万人。

案例简析:

金星村的深度客栈老板徐卫团,从一个普普通通的修理工,如今成为浙江省金宿的老板,见证了金星村民宿从无到有,从有到优的发展历程,是金星村村民依托村庄环境和政策支持日子越过越好的典型代表。

【案例 2-5】赵娜——从外乡人到新乡人

"隐乡小院"民宿的老板娘赵娜是安徽人,嫁到开化,但工作后一直在台州谋生。赵娜偶然间喜欢上了喝茶,因此便开始学习茶艺。一次偶然的机会,她跟几位茶友来到了金星村搞活动,便被这里的景色打动。"我的梦想就是在美丽的乡间开一家民宿,这里再合适不过了。"

赵娜很偶然发现了隐乡小院这个小房子,虽然当时已经是危房,面临即将倒塌和拆除的风险,但因为靠着马金溪,又有个小院子,因此觉得适合开一个民宿,于是她就把它租下来开始改造——加固墙体,改造屋顶,种植花草……隐乡小院所有的室内外设计都是赵娜一手操办,房间内的老物件、桌椅台布、房间外的花草树木、亭台楼阁,处处都可以见到她对于自己"家"的巧心和设计。

　　隐乡小院房间总共三间,每间的布局都不尽相同,有的设立榻榻米,让你拉开窗帘就可以感受到绝美风景。有的设置茶座,让你在室内也可以静心品茗。闲暇之余,还可以坐下来与赵娜喝喝茶聊聊天,放松心情,放飞自我。

　　赵娜说:在这里找到小时候的家的感觉,因为小时候在农村,可能是如果你烧了好吃的东西,半个村庄都可以分享的,那现在是找到小时候的那种生活那种幸福,就是乡情。在这里,赵娜不仅找到了久违的家的感觉,还让她找到了新的事业版图。由于爱茶,赵娜经常亲自进深山采摘几十年的老茶树的茶叶制作具有隐乡小院特色的产品,但由于阳光太猛,时间太长,经常会晒伤晒黑,于是她在朋友推荐下使用了一款护肤品,由此一发不可收,她不仅成为这个护肤品品牌的忠实用户,也成为远近闻名的推荐人。通过口碑相传,不少用户都成为像她一样的忠实用户,而且成了朋友。疫情防控期间,由于管控限制,民宿无法接待客人,赵娜主要的收入来源就是护肤品销售和帮村民代销农产品。

　　赵娜觉得她的隐乡小院能够在金星村扎下根来,除了自己的努力,也离不开村干部的支持和村民的帮忙。过年的时候,郑初一书记会带领村干部给他们发红包,鼓励他们好好干。村里有接待,要用到民宿的场地、产品或者需要她来讲解和接待,村里也会给予相应的补贴。村里有产业发展、公益事业等大事,村里也会邀请他们一起商议。周围的邻居关系也很融洽,他们日常的蔬菜经常是邻居免费送的;过年过节的小吃也是邻居分享的。当然,赵娜也会免费帮他们宣传售卖农产品,而且不赚差价,会在民宿需要用工的时候,让周围邻居帮忙,也让他们多一份收入。

　　因此,与其说隐乡小院是一间民宿,赵娜更愿意称之为远方的家,是金星这个大家庭中一个温暖的小家,也是一个让赵娜和前来住宿的顾客共同的家。

　　案例简析:

　　赵娜从一个外乡人转变为金星村的新乡人,体现了金星村优质的生态环境、良好的村庄建设、优越的营商环境,是村干部的大力支持,是金星村村民的大气包容,让赵娜在金星村找到了另外一个"家",也让广大游客在这个"家"可以感受金星、爱上金星。

三、依托红色资源开展红色培训

　　金星村以习近平同志视察金星为核心红色资源,结合金星村实际开展了富有特色的红色教育培训课程开发和培训活动开展。

1. 精心策划红色培训课程

2019 年以来,金星村在全省率先开办乡村振兴讲堂,创新"特色立堂、多点建堂、开放办堂、专家下堂、百姓上堂、以堂养堂"等为主要内容的"六堂模式",并结合习近平同志"保护好千年古银杏树"的指示要求,打造了"银杏树下话党恩""总书记的金星情"等红色教育精品课程。金星村通过大力发展会务经济、培训经济,致力于传承好红色基因、传播好红色声音,将讲堂作为双招双引、强村富民的主载体,把讲堂建在产业上,把产业融在讲堂中,先后与衢州农民学院、温州农民学院、县委党校等开展合作办学。

2. 推进红色培训载体建设

有好的红色资源和好的培训课程,还离不开好的培训环境和培训场所。金星村在 2019 年被衢州市政府评为"先锋战队"后,将所得 100 万元奖金全部投入文旅综合体项目,撬动 1000 万元的集村史馆、会议室、展示厅等为一体的文旅综合体项目。金星村谋划利用乡村振兴综合体建成可同时容纳 300 人和 50 人培训的一大一小两个乡村振兴讲堂,加上老村委会改造的书香文化礼堂,金星村可承载的培训规模将新增 400 人,较原先增长 2 倍,每年为村集体增收 100 万元以上。2021 年先后承办各类培训班 400 批次,村集体直接增收 32 万元,带动民宿、农家乐消费 70 余万元。2021 年 6 月 9 日,村里的钱江源党建治理馆又正式开馆,包含展览馆、乡村振兴讲堂、村播中心等各大功能,全面展示开化党建统领基层治理的工作及成果。此外,金星党建培训中心项目开工建设,这也给村里培训产业的发展带来新的契机,通过培训、学习、交流,和党建治理馆进行配套,进一步发展会务经济。

3. 搭建平台壮大培训产业

为了进一步将金星村的培训产业做大做强,2021 年 7 月 30 日,开化两山集团旗下开化县星伴旅游开发有限公司与华埠镇金星村股份经济合作社共统投资成立了开化初心培训有限公司。公司成立了综合办、业务部等相关部门,公司员工主要是从金星村的村民当中进行招聘,带动了当地就业。初心公司为更好地发展和运营,积极开拓培训业务,先后与全省各涉农院校、省市县委党校开展战略合作,公司运营以来承接大量考察培训,其中省外涉及江西、江苏、安徽、湖南、北京、上海、新疆、内蒙古和云南等地,省内遍及杭州、宁波、嘉兴、丽水、湖州、衢州等 11 个地市区。

第三节　科学规划推进美丽乡村建设

金星村始终坚持生态绿色发展之路,"像对待生命一样对待环境",以五水共治、四边三化、三改一拆、四大革命为抓手,大力推进村庄环境综合整治提升,全面改善村民人居环境水平。随着"千万工程"、美丽乡村等工作的推进,尤其是 2014 年开展的"五水共治"行动以及 2016 年的"大干三个月、环境大提升"行动,彻底改变了金星村的村容村貌,一幅村美景秀的美丽金星画卷已经徐徐展开。

一、科学规划引领村庄建设

"想不到田园变公园,想不到民房变民宿,想不到农民变居民。"这是金星村在推进乡村振兴和共同富裕过程中的真实写照。三个"想不到"的背后,是改革开放 40 多年,金星村的乡村旅游从无到有、回村创业从少到多、人均收入从千到万的过程。金星村的变化,离不开科学的规划。金星村历来十分重视规划工作,从第一任书记开始,就对村庄进行了整体规划,三张规划图见证了金星村的发展历程。

1. 珍贵的手绘村庄规划图

我国的村庄建设经历了比较长的无序发展阶段,大部分村庄在 2000 年前都没有统一的规划,但金星村早在 1977 年就绘制了第一张规划图。

以前的金星村,并不像它的名字一样耀眼夺目。40 多年前,泥泞不堪的黄泥路、条件简陋的土房子,还有比房子数量还多的旧旱厕,至今深深刻印在部分村民的脑海中。郑初一书记回忆道,当时的金星村"没有水泥路,碰到下大雨,唯一的一条小路会被冲毁,运稻子的手拉车都通不过,外出还得坐船"。因为摆渡而过的渡口比较深,被人们称为"深渡"。

1977 年,金星村仅有村民 800 余人,种植粮食和养猪,是他们主要的收入来源。那时,村里没有一条像样的道路,见不到一栋两层楼的房屋,住的是用茅草覆盖房顶的屋子。面对落后的村庄面貌,徐海田书记下定决心超前谋划村庄发展格局,第一张规划图就是在 1977 年经村党支部集体讨论后,请一位小学老师画的《新村布局图》,确定了村庄"五纵四横"的基本框架,为金星村的发展奠定了最早的基础。

2. 改进的村庄道路规划图

第一张规划图虽然绘制出来了，但要落实下去却不是简单的事情。

1985 年前后，沐浴着改革开放的春风喜雨，全村大力发展蚕桑，村民生活水平逐渐提高，有条件的便开始翻盖砖瓦房，但新建的房子位置很多都不符合第一张村庄规划图的布局要求。社会经济越发展，金星村的村庄建设显得越凌乱。1994 年，郑初一书记上任后，决定"要在规划引领下，建成五纵四横的道路，让家家户户的车子都能开到家门口"。那是他对金星村的承诺，更是一张蓝图绘到底的坚持。

于是，第二张规划图出炉。那是在 1997 年，金星村的干部外出学习考察，受浙江省奉化区滕头村发展启发，村两委思索数月，在 1977 年第一张规划图的基础上修改完善，手绘而成《金星中心村村庄道路规划图》，该方案细化了一排一行的住宅房、五纵四横的村庄道路以及大片用来发展的空地红线，确定了金星村长远的村庄路网和建设格局，金星村由此迎来了新的发展机遇。1998年，五纵四横的道路开始修建改造，村民参照其他地方建的洋房，建起了第三代农房，绝大多数保留至今。

3. 专业的美丽乡村规划图

2006 年 8 月 16 日，时任浙江省委书记的习近平到金星村考察，在考察结束时嘱托金星村村民："人人有事做，家家有收入。这就是新农村。"牢记总书记的殷切嘱托，自创建新时代美丽乡村标杆村以来，2017 年，金星村专门委托浙江工业大学设计与建筑学院和华设设计集团股份有限公司制定了标杆村规划，形成第三张规划图——《金星村规划图》，细化了今后 10 年的产业，为建设富有金星特色的美丽山水、美丽田园、美丽村庄、美丽庭院奠定了坚实基础。这些年，金星村大力建设美丽村庄，发展美丽经济，创造美好生活，目前已成为开化"网红村"之一，家家住别墅，户户有庭院。

除了谋划村庄路网规划，几任书记都非常重视农田水利建设，通过几十年来的坚持不懈，干部群众一条心，男女老少齐发动，大搞农田基本建设，努力改变生产条件，金星村形成了"三纵四横"的农田建设框架，全村四百亩旱地全部改成水田，二百五十亩烂糊田改造成高产稳产田，七十余亩河滩改成了田。

二、五水共治改善生态环境

1. 全面落实上级要求

五水共治是指治污水、防洪水、排涝水、保供水、抓节水。浙江是著名水乡,水是生命之源、生产之要、生态之基。五水共治是一举多得的举措,既扩投资又促转型,既优环境更惠民生。从 2014 年开始,浙江以治水为突破口,不断自我加压,通过拆、治、归,让越来越多的江河奔涌、湖水荡漾、溪水潺潺、岸堤景美,同时也倒逼越来越多的企业走上转型升级、科学发展的道路,为破解治水难题的"中国方案"提供了浙江样板。开化县认真贯彻省委"五水共治"重要决策,把推进"五水共治",共建生态家园作为建设国家公园的重大机遇,创新理念,积极推动"万人治污大行动","大河小溪"大清洗,河道"四禁",百里黄金水岸综合整治,城镇、农村、工业园区污水治理,污染企业整治,农业面源污染治理,清洁乡村净化家园等。

2. 金星村的治水行动

2014 年,金星村共有 6 个自然村、382 户,总人口 1224 人,地域广,人口居住相对分散,污水治理难度较大。金星村积极开展农村生活污水治理,确定一名村干部专门抓工程进度和施工质量,半年多时间里铺设排污管道 16000 余米,建设终端 9 个,接管率达 100%。

2014 年以来,金星村投入 5000 余万元开展"五水共治"。投资近千万元修建村口公园,修复古埠头,组织村民开展河道清理,将淤泥运到茶园做肥料,每年仅河道清淤一项就要花费 20 万元。村里专门组建了由 7 位民兵组成的河道保洁队,配备摩托艇、救生衣等装备,每天开展巡查,及时打捞河面漂浮物,确保河道干净。通过治水,金星村的村容村貌发生了翻天覆地的变化,村民从中得到了实惠,纷纷转变观念,改"要我做"为"我要做",主动做好门前"三包",开展农趣庭院建设,你追我赶扮靓家园。

3. 金星村的治水成效

金星村围绕"村美民富、自然和谐"的目标,依托"五水共治"开展治水造景、美村富民,坚持走"人人有事做,家家有收入"、共同富裕、全面小康之路。郑初一书记作为金星村的"当家人",十分注重村庄建设,聘请专家制定规划,进行旧村改造、新村建设、下山脱贫,有五成农户用上了沼气,九成家庭住上了别墅;对全村"五纵四横"的主干道实行硬化,并安装路灯,修建排污沟,设置垃圾箱,同时积极开展农村生活污水治理,重抓清洁工程,实行垃圾分类,配置专职保洁员,拆除露天厕所;依托千年银杏建设面积达 3000 平方米的休闲公园、万米环村江滨绿色休闲长廊等,实现了道路硬化、路灯亮化、村庄绿化、卫生洁化、休闲公园化、生活城市化。

三、攻坚行动提升人居环境

2016 年 5 月 29 日,开化县召开"大干三个月、环境大提升"集中攻坚行动动员会,计划从 6 月 1 日开始,利用三个月时间,在全县范围内掀起一场全民动员、全民参与、声势浩大的城乡环境整治提升行动。金星村借此东风,大力推进美丽乡村建设,农房外立面改造、古埠头、停车场、银杏公园、游客接待中心、党建展示馆、村庄道路"白改黑"、农村电网升级"上改下"等 20 个项目工程相继完工。

由于时间紧、任务重,为了在最短时间内保质保量完成工作,金星村村成立临时党支部,党员干部不但加班干,而且加点干,平均每人每天工作 12 个小时(郑初一书记当时的记录是每日工作 15.93 个小时)。当时正是夏天七八月最高温的季节,党员干部一个个都是晒得跟"包公"似的。为了提高村民参与环境整治提升的积极性,金星村采取"三议三公示"的程序成立工程队,由村民自愿参加,每户筹资 3 万元作为启动资金,确保项目顺利实施。当时,全村有118 户参加工程队,共筹资 300 多万元。村里还选举产生 5 位代表任工程队队长,各项工程由队长分工负责,并相互监督。在全体村民齐心协力的配合下,60 天 20 个项目的主体工程基本完工,创造了项目建设的"金星速度"。

通过金星村干部群众的共同努力,一幢幢浙派民居规划整齐,古埠头畔碧水青山相映成趣,构成了一幅灵动的田园生态画卷。"一户一处景、一村一幅画",美丽乡村风光无限,生态文明建设格局已经初显。

【案例 2-6】从千万工程到美丽乡村的金星实践

曾经的金星村,并不像它的名字一样耀眼。交通不便、山多地少、经济落后,"晴天一身土,下雨两脚泥,一双雨鞋穿四季",动物粪便、露天厕所、垃圾池随处可见。再看如今的村庄,屋后是连绵的大山,房前是一江碧水,白墙黑瓦花格窗,浸透着浓浓的诗画江南韵味。

转变，源于2003年起在全省展开的"千万工程"。被确定为示范村之一的金星村抓住机遇，开始美丽蝶变：拆除改造危旧房，新建排水设施，拆除露天厕所，3000平方米休闲公园、万米环村江滨绿色休闲长廊以及生态停车场、生态茶园、休闲古埠头等相继建成……一系列行之有效的整治措施，让曾经脏乱差的小山村变身为独具魅力的大花园。

山还是那片山，但林木更加葱茏。目前，全村森林覆盖率达到98%，常年空气质量优良率在98%以上。保护环境就是保护生产力，改善环境就是发展生产力。在金星村，这个理念早已深入人心，指引着山乡未来的方向，也唤醒了老百姓的生态自觉，推动全村形成绿色的生产和生活方式。好生态和全新的村容，让金星村有了实现乡村振兴的底气。

案例简析：

金星村从一个环境脏乱差、危旧房遍布、露天厕所林立的落后村，变成一江碧水，白墙黑瓦，体现出诗画江南韵味的先进村，离不开村干部扎实贯彻省委省政府的相关政策，离不开采取的一系列行之有效的整治措施。

【案例2-7】美丽庭院建设，以小见大看金星村的新变化

走进村民夏建华家，只见庭院收拾得干净整洁，每一个细节都透露着主人的环保理念：用石块围起的花圃、菜园绿意盎然，毛竹搭起的架子上攀爬着藤蔓，废旧猪槽和塑料瓶被改造成创意十足的小花盆，原本乱堆乱放的水缸、陶瓷罐等，被彩绘成一件件别致的装饰物……"不管是酒坛、轮胎，还是木头、砖块，这些看起来没用的东西，现在可是大家眼里的宝贝呢。"夏建华说。

2016年以来，开化县以创建"农趣庭院"为突破口，动员农户开展庭院洁化、序化、绿化、美化，全力打造特色庭院。金星村的80户村民积极响应，按照"生态环保、因地制宜、变废为宝"的要求，对自家庭院精心设计和改造，建成一批乡味浓、景色美的农家庭院，村庄面貌得到进一步提升。

人改变着环境，环境也在改变人。目前，金星村大力推行"垃圾不落地""垃圾无害化处理""妇女清洁行动"等，实施定时定点投放垃圾，为农民立下"清洁榜"，以"鸡毛换糖"的思路开办"垃圾兑换超市"，让垃圾分类成为村民自觉，实现了垃圾分类投放全覆盖；不仅如此，村民还自发组成河道保洁队，每天巡河捡拾垃圾。就连村规民约也不断与时俱进，有关环境保护的内容超过一半。

从一件件力所能及的小事做起，绿色的生活风尚正在金星村蔓延，绘就天

更蓝、山更绿、水更清、环境更优美的乡村新图景。

案例简析:

一个小小的庭院,折射出的是村民观念的变化,折射出的是村庄发展理念的提升。从庭院美化、垃圾分类、河道保护……一件件村民的日常小事,综合形成了村庄生态发展、绿色发展的大氛围,督促村民更自觉地投入"两山转换"的实践中去。

第四节　文化润心助力打造共富样板

文化振兴是乡村振兴的内驱动力,文化自信是更基本、更深沉、更持久的力量。在共同富裕的美好蓝图中,物质富裕、精神富有是高质量发展应有的内涵。金星村不仅有突出的红色文化资源,还有茶叶文化、生态文化、乡土文化等,通过文化资源梳理、文化活动开展,通过文化润心助力金星村打造共同富裕样板。

一、红色文化助推基层党建

开化县是一片红色热土,是浙西革命的摇篮,是衢州市唯一的革命老区县。

金星村在传承革命精神的同时,从20世纪70年代超前谋划的村庄规划,到党员干部带头引进茶叶产业,再到贯彻落实习近平总书记的指示,金星村根据新时代村庄建设和发展的要求,紧紧围绕党中央和浙江省的大政方针,自觉践行中国特色社会主义理论,深入贯彻"创业创新、富民强村"战略,团结村两委班子,充分发挥党员干部先锋模范作用,带领村民艰苦创业,村集体经济和各项事业均取得了长足发展。

金星村以突出的党建和治理成效为基础,大力发展红色培训经济,结合习近平同志"保护好千年古银杏树"的指示要求,打造了"银杏树下话党恩""总书记的金星情"等红色教育精品课程。为了更好地弘扬红色文化,加强基层党建,金星村进一步完善党建和培训载体建设。比如,党群服务中心边上新建的乡村振兴综合体,一楼是钱江源党建治理馆,展示由金星村辐射整个开化县的党建文化;二楼是新引进的电商企业,大幅带动当地农副产品销售;同时,与乡村振兴综合体相隔不远,浙江省首家村级供销社在此落地。而在村庄一侧宽阔的马金溪边,总投资约 5500 万元的党建培训中心也在如火如荼建设中。利用原有的村党群服务中心,以及新建的乡村振兴综合体和党建培训中心,通过传承好红色基因、传播好红色声音,形成了具有金星村特色的党建品牌和红色文化,金星村的红色文化必将更加亮眼。

二、茶叶产业联动茶叶文化

开化茶叶生产历史悠久。有记载,开化龙顶茶在明朝就被列为贡品。崇祯四年(公元 1631 年)《开化县志》有"茶出金村者,品不在天池下""进贡芽茶四斤"等记载。清光绪三年(公元 1877 年)茶叶开始出口。清光绪二十四年(公元 1898 年)《开化县志》记载,芽茶进贡时"黄绢袋袱旗号篓"限时进贡。习近平总书记曾经提到:"开化龙顶茶现在全国知名,种茶叶是大有前途的!"在开化县,为了进一步提升开化龙顶茶叶品牌价值,连续 20 多年举办开茶节、斗茶节、茶商大会等活动,吸引各地游客前来参观,了解开化龙顶茶。开化县每年都会派出多支队伍,前往大中城市开展品牌宣传活动。这些措施都帮助提升了开化龙顶茶的品牌声誉。

金星村山清水秀,自从 20 世纪 90 年代引进茶叶种植之后,茶产业成为富民兴村的主导产业,开化龙顶的茶文化也在金星村深深扎根。金星村村民们牢记习近平总书记的嘱托,不断扩大茶园种植面积,二十多年间,从最初的两三户到如今的二百多户,金星村 98% 以上的农户都种起了茶。茶园也扩大到 1000 余亩,仅茗茶一项全村每年增收 500 多万元,茶园成了当地村民致富的"聚宝盆"。同时,借助开化龙顶日益增长的品牌影响力,每年举办茶艺课、斗茶比赛等活动,丰富村民和游客的茶文化体验,推动茶叶品牌化建设。

三、山清水秀彰显生态文化

金星村生态环境优良,生态文化彰显。近年来,开化全力推动水环境质量高位持续提升,出境水 I、II 类水质及以上占比 98.9%,15 个乡镇出境断面水质优秀率和集中式饮用水水源地水质达标率均为 100%;环境空气质量 AQI 优良率为 99.4%,水质和空气指标均为长三角地区最优。

金星村积极响应县委、县政府建设"国家公园城市"的号召,以"创森"为契机,以"一村万树"为提升点,以"五水共治""小城镇综合整治"为抓手,建设生态网络体系、生态文化体系、生态保护体系,提升了村庄周边绿化,提高了村庄品位。开化县委十四届十次全会明确,要大力培育现代农业、民宿经济、生态旅游、文化创意、运动休闲、健康养生等新产业新业态,加快沿马金溪产业集聚。从"卖山林"到"卖生态",变"种种砍砍"为"走走看看",金星村更早尝到了生态旅游的甜头。通过努力,金星村已形成生态环境优美、民风淳朴、村民和谐共处的新景象,先后获得"全国文明村""全国生态示范村""全国绿化千佳村""省级山区生态优化平衡村""省级水土保持工程示范区""浙江省首批小康建设示范村""浙江省首批村庄绿化示范村""省级科普示范村""省级特色旅游村""市级劳动模范集体"等荣誉称号。

四、乡土文化赋能和谐邻里

金星村在村两委带领下,通过制定金星村特色的村规民约,引导家家户户践行家风家训,组织二胡队、书法队、排舞队、太极队、观赏石队等文艺队伍开展活动等实践,实现了连续多年无刑事案件、无赌博现象、无封建迷信活动,新中国成立 70 多年社会和谐,乡里和睦。

金星村在常规的村规民约基础上,结合村庄发展实际,又特别制定了金星村十条村规,内容涉及诚信待客,生态保护、清洁家园、管制河道、美丽庭院等各个方面。以诚信待客为例,金星村依托其绿水青山发展了乡村旅游和民宿经济,不管是节假日还是工作日,到金星村的游客络绎不绝,金星村村规十条中的第一条就是:有礼诚信不欺诈游客。又比如在提倡社会公德,邻里和睦方面,号召村民们守望相助不煽动闹事,提倡见义勇为、伸张正义、孝敬老人、爱护儿童,邻里守望相助,遵守社会公德,共建和美家庭、和睦邻里、和谐金星,实现"小事不出村、大事不出镇、矛盾不上交"。这些规定,无疑对提高金星村村民素质,提升游客对金星村旅游体验度和美誉度都有明显的促进作用。

金星村的精神文明建设不仅有无形的村规民约保障,还有具体的空间阵地保障。金星村书香文化礼堂就是集中体现金星村文明有礼的好地方。书香文化礼堂坐落在金星村的中心,占地面积 820 平方米,建筑面积 320 平方米,遍种绿植和鲜花,环境清幽雅致,"一个村的书香灵魂"被巧妙地融入其间,集读书会、轻奢茶吧、儿童之家多功能于一体,2020 年底一落成就成为网红打卡点。金星村文化礼堂是开化县最早一批进行改造升级的文化礼堂,不仅承担着村民的文体活动场所,还承担着接待游客的功能。金星村文化礼堂不仅丰富了治村理念和方式,还让金星村探索出乡村人文融合发展的新路子。

第五节　干群连心共建和谐善治村庄

2006 年，习近平同志视察金星村后，为了落实其指示和嘱托，金星村不仅在产业发展和环境保护上下功夫，更在系统化、体系化推进党建引领，密切团结群众、依托群众，干部群众齐心协力促进村庄和谐善治方面做出了表率。金星村以"基层治理的标杆村"为目标，不断深化党建统领基层治理工作，坚持做到小事不出村，大事不出镇，矛盾就地化解。

一、坚持干在实处赢得民心

金星村始终以打造公园的理念打造村庄，建设富有金星特色的美丽山水、美丽田园、美丽村庄、美丽庭院。近几年来，金星村先后投入 9600 余万元用于美丽乡村建设，大力推进村庄环境综合整治提升，先后实施休闲公园、环村江滨绿色休闲长廊、休闲古埠头、村口公园、香樟大道、银杏大道等一批重点项目，将金星村打造成为"望得见山、看得见水、记得住乡愁"的美丽新农村。有了扎实的工作基础，金星村在最近的村两委换届选举过程中，金星村始终坚持干中换、换中干，制定了《金星村"干中换、换中干"20 件事落实清单》，各项工作开展均没有受到换届选举影响。在推进村项目建设中，两委干部始终冲在一线、干在一线。干部干在实处，老百姓看在心里，换届选举 98.56％的平均得票率就是老百姓对村两委工作的最大肯定。

二、坚持弘扬新风提升民心

新风指村风、民风和家风，家风是家族的传统风尚，好的家风才能形成好的民风和村风，而民风和村风则是村庄文化精神家园建设的基石。金星村一方面通过晒家风活动，形成家训文化，引导村民传承美德，通过晒家训比家风活动，并将选出的好家训写入村规民约。另一方面通过媒体传播，在文化礼堂的村史、民风廊上以传统图文并茂的照片展、画展等形式宣村风和民风，也采用新媒体来宣扬，如拍摄微电影、制作 H5 等形式来传播传移风易俗、科学文明的村风，邻里和睦、互帮互助的民风。此外，金星村结合村情民意分别修编了村规民约、生态文明公约、党员家训。其中村规民约重点突出了诚实有信、清洁家园、保护生态、互帮互助、孝亲友爱等内容；生态文明公约主要推行了禁伐、禁火、禁猎、禁渔、禁排等"十禁"举措；党员家训着力倡导了带头遵纪守法、服从组织、担当破难、义务劳动、移风易俗等"十带头"理念。

三、坚持暖心关爱贴近民心

金星村两委深知要提高村民的幸福感和获得感，除了经济要发展，收入要提高，日常工作生活的暖心关爱也不能少。面对本土村民，金星村通过组建代问候团、难事协调小组、个性服务队，做到每年挨家挨户走访谈心，重要节日向村民短信问候，红白喜事村干部到场关爱慰问，矛盾纠纷有"老娘舅"化解，困难群众有乡贤能人结对帮扶，年底给 60 岁以上老人发放"红包"，用真情关爱汇聚起民心。面对外来创业就业的经营者和企业，一是出台各种优惠政策，吸引"外乡人"落地落户金星村；二是当他们遇到项目、资金、资源等各方面困难，金星村两委干部均能做到及时了解情况，通过各种途径帮助解决。

四、坚持畅通民情服务民心

郑初一书记一直有个习惯，早上起床在村里走上一圈，然后到村办公室上班，因为农村人都习惯早起，村里前前后后走一圈，一方面看看村庄建设中还有哪些需要改进的，另一方面方便与村民沟通交流，郑初一书记当了 42 年的村干部，这一习惯从未间断。后来，金星村村两委始终坚持每天走家串户，自觉做到"七个必"，即家庭户主必谈心、重大变故必上门、重要节日必问候、好人好事必表扬、孤寡老人必慰问、留守儿童必照看、乡风文明必劝导。在日常联系、走访农户之余，每个月至少抽出一天时间，开展"集中走访"活动，与农户拉家常，听诉求，访民情，增情谊。

此外，金星村进一步做实党员联户制度，及时了解掌握群众所思所想所求，做到群众家事联系党员心中有数，遇邻里纠纷、突发事件等，第一时间赶到现场处置，做到"矛盾不过夜，马上了解，立即处置"。用好"初一党代表工作室"，建立来访接待、服务承诺、回复反馈等制度，共接待来访来信群众 2000 多人次，解决各类矛盾纠纷 200 多起。

五、坚持均衡发展凝聚民心

为统筹各片区发展，抓好大金星建设，近年来金星相继实行毛家坎整治提升工程、下村坞道路拓宽及护栏工程、毛家坎一米菜园建设、水坞道路拓宽及绿化提升工程等项目,并谋划了垄里自然村道路拓宽及连心公园建设、各自然村上改下和白改黑工程等多个项目。相比之前,现在毛家坎、下村坞自然村已经旧貌换新颜,老百姓获得感显著提高。下一步,金星将进一步向其他自然村倾斜资金,力争各个片区全面协调发展,打造名副其实的幸福金星。

2006年以来,金星村牢记习近平同志的嘱托,坚持支部引领走在前、党员先锋干在前,树立党建统领全局的工作理念,凝聚干事创业的工作合力,围绕"人人有事做,家家有收入"的目标,在"绿水青山就是金山银山"的理念实践中,实现华丽转身。

【案例 2-8】用心调解终得解

金星村里有谢家两兄弟,因宅基地引发了纠纷,之后在长达14年的时间里,村两委干部先后上门调解140多次,最后两兄弟被村干部们的耐心与坚持所感动,终于握手言和,承诺再也不因此事而闹矛盾。村干部们都还清楚记得总书记当时讲的话"老百姓很淳朴,你只要为老百姓多办事,乡亲们的感情就会好,我们的工作才会得到拥护支持。"金星村两委干部也一直按照总书记的要求去做,像140多次调解这样的例子还有很多,每一位村干部坚持每天早起在村里前前后后走一圈,随时掌握老百姓情况。老百姓有什么矛盾纠纷,村干部总是第一时间解决。

案例简析:

任何一个村的村民都存在各种各样的矛盾,有的村村干部办法不多,措施不得力,导致村民关系、干群关系紧张,从而使得工作难以开展,村庄氛围不够和谐。金星村两委干部面对困难,锲而不舍,耐心细致,以心换心,以情感人,为村庄和谐、矛盾调解作出了很好的示范。

【案例 2-9】用干部"吃亏"换村民"享福"

处处是景的金星村,白墙黛瓦的浙派民居格外吸引眼球,正对村委会办公楼的王金华家,是村民公认最好看的一栋。粉刷一新的二层小楼、用心打理的精致庭院,不了解的人很难想象,如今的"最美"庭院,曾经却是全村"最臭""最破"的区域。

王家的变化始于2016年,那一年,金星村站上了乡村发展的十字路口。

此前,有着超前规划理念的村党支部一班人曾在 1997 年手绘过一张规划图,"五纵四横"的村庄路网和建设格局谋定了近 20 年的发展方向。但从"蓝图"到"实景",金星村面临着传统乡村共同的难题。"村民搭建的违建连片,传统的农村旱厕臭气熏天。"金星村书记郑初一说,做好"明星村"良好的生态资源远远不够,金星村面临从内打破的关键节点。借助衢州整体环境提升的契机,一场乡村"洁净革命"势在必行。

平房屋、拆旱厕,改变的是农村千百年来的生活习惯,让百姓接受难以登天。养殖大户王金华是最执拗的"硬钉子"之一。家中 300 平方米的猪房污水横流,不仅阻碍道路拓宽,更严重污染环境。村干部上门做了数十次工作,王金华始终不为所动。

与王金华联户结对的党员徐雨录却比王金华更"拗"。了解到王金华的顾虑,他与村委会商讨决定,在山坳里另建一座新的养猪场,让王金华拥有新的猪房。拆掉猪栏后,王金华的生态养猪场收入翻番,还获得了"最美农场"的称号和 100 万元奖励。原址建起的小楼就此成了金星村发展变迁的见证。

案例简析:

村民的事无小事,金星村的村干部正是将心比心,以解决老百姓的需求为根本出发点,将老百姓的事情当成重要的事,必须办好的事去做,才真正打消了村民的顾虑,让村民理解了村干部的公心,才能够积极配合村干部把村里的工作做好。

本章小结

金星村在三任优秀村支书的带领下,建强村班子,依托广大村民,一步一个脚印,坚持依托资源、壮大产业,逐步实现产业兴旺;坚持科学规划、分步实施,逐步实现生态宜居;坚持以人为本、服务至上,逐步实现乡风文明和治理有效。金星村的做法和经验不仅值得开化县、衢州市,乃至值得浙江省和全国的村庄学习和借鉴。

思考题

1.金星村如何打造了坚强有力的村两委班子?有什么借鉴意义?

2.金星村通过特色产业发展逐步实现了产业兴旺,其中有哪些值得学习的地方?

3.金星村是如何重视规划、利用规划、落实规划的?在乡村建设中要如何看待规划的重要性?

4.金星村如何做到新中国成立70多年以来矛盾不出村?

📋 **拓展阅读**

1.朱佳明,贺倩.农村文化礼堂品牌建设的路径——以金星村文化礼堂建设为例[J].中小企业管理与科技(中旬刊),2016(1):124-125.

2.一张图管二十年 绘就美丽金星——开化县华埠镇金星村农房管控的成功经验[J].浙江国土资源,2018(5):58.

3.浙江在线.壮丽七十年 奋斗新时代|开化金星村人人有事做 家家有收入[EB/OL].(2019-04-22)[2023-02-24].http://baijiahao.baidu.com/sid:16315997107852207318wfr=sidor&for=pc.

4.开化微信公众号.榜上有名! 开化县金星村入选浙江省习近平新时代中国特色社会主义思想研究中心首批调研基地[EB/OL].(2021-10-15)[2022-06-25].http://mp.weixin.qq.com/s/H33Pyj-Z2OvHUYf0HrwvrQ.

实施乡村振兴战略,要按照产业兴旺、生态宜居、乡风文明、治理有效、生活富裕的总要求,重塑城乡关系,走城乡融合发展之路;巩固和完善农村基本经营制度,走共同富裕之路;深化农业供给侧结构性改革,走质量兴农之路;坚持人与自然和谐共生,走乡村绿色发展之路;传承发展提升农耕文明,走乡村文化兴盛之路;创新乡村治理体系,走乡村善治之路;打好精准脱贫攻坚战,走中国特色减贫之路。

——2017 年 12 月 28 日习近平总书记在中央农村工作会议上的讲话

第三章 殷殷嘱托:"人人有事做,家家有收入" 在金星村的生动演绎

本章要点

> 1."人人有事做,家家有收入"体现了"以人民为中心"的根本立场,强调了共同富裕人人参与的群众基础,在共同富裕的道路上也要做到"一个都不能少,一个都不能掉队",与习近平总书记关于共同富裕的多次讲话精神是一脉相承。
>
> 2.金星村牢记习近平总书记的嘱托,坚定不移践行"绿水青山就是金山银山"重要理念,把生态优势转变为发展优势、富民优势,在发展美丽经济、促进全面提升、建设美丽村庄上狠下功夫,努力打造共同富裕实践样板,走出了一条具有金星特色的高质量乡村振兴之路。
>
> 3.在金星村的发展过程中,牢牢把握数字化机遇是一大特点。金星村利用电子商务平台、就业服务平台等数字化平台,打造省级电商村、实现产供销一体化、推出灵活就业服务,不断挖掘家门口等就业岗位,让村民致富搭上"数字"东风。

2006年8月16日,时任浙江省委书记的习近平在开化县金星村考察时,寄予了"人人有事做,家家有收入"的殷殷嘱托。这简短的十个字阐明了山区县共同富裕的核心要义,突出了发展机会均等和发展成果共享的共同富裕理念和实现机制。十几年来,金星村牢记嘱托,立足自身生态优势,全面推进乡村振兴,走出了一条极具特色的乡村共同富裕道路,生动诠释了"人人有事做,家家有收入"的深刻内涵。

第一节　总书记的殷殷嘱托

　　2003 年和 2006 年，时任浙江省委书记的习近平曾先后两次来到开化县。2003 年 7 月，习近平第一次来到开化县考察。在观看了反映县情的专题片之后，他说，开化在全国率先实施了"生态立县"发展战略，并取得了明显成效。后在考察钱江源国家森林公园时，他指出，钱江源是浙江的重要生态屏障，在生态省建设中具有特殊的重要地位，必须保护好这一方山水。

　　2006 年 8 月 16 日，习近平再次来到开化，华埠镇金星村是此次视察调研工作的最后一站。"这个村很美，依山傍水，在全国都有特色！"迎着雨后清凉的风儿，走在洁净宽畅的村道上，习近平对这个生态型新农村赞不绝口[①]。一路上，他边走边和村干部、村民们拉起了家常，了解村民的经济收入，亲切地询问郑初一书记金星村村民的收入来源，郑初一书记回答道："三分之一村民靠外面务工取得收入；三分之一村民靠在本县从事二、三产业取得收入；三分之一村民依靠在本村务农取得收入。"在考察结束时，习近平对郑初一说道："这就叫做人人有事做，家家有收入。这就是新农村。"

　　在村庄公园的千年银杏树下，习近平看到银杏树根部泥土很多被挖掉，根系裸露在外，生命岌岌可危时，习近平指着村庄后门山说："这棵树是我们村里的宝贝、象征，我们一定要保护好，不仅仅要保护好这棵古树，还要保护好周边的古树、全县的古树。而且要保护好这一片的青山绿水。"在了解到村民通过种植、加工茶叶，每年有 3000 元收入时，他当场鼓励村干部和村民："开化龙顶茶现在全国知名，种茶叶是大有前途的！"考察结束时，习近平嘱托金星村的干部群众："你们这个村大有希望，在全省也是有特色的村。金星村村民有三个经济来源，一个是务工，一个是做二、三产业，再一个是发展茶叶。金星村大家都有活干，而且都有比较好的收入。所以，新农村建设一定要把经济搞上去，为群众办实事"。

　　金星村是开化的"明星村"，也是习近平总书记关心、牵挂的土地。2016年 2 月 23 日，在中央全面深化改革领导小组第二十一次会议上，习近平总书记对时任开化县委书记项瑞良说，"开化是个好地方，我还是要回去看看的！

---

　　① 省委书记习近平来我县视察［N］. 今日开化，2006-08-18（1）.

代我向基层同志问好，向开化的父老乡亲问好。"①

2021年，钱江源党建治理馆在金星村建成，并入选"浙江省习近平新时代中国特色社会主义思想首批调研基地"。在党建馆内，记录了习近平总书记对开化的三句殷切嘱托，一句深情点赞："一定要把钱江源头的生态环境保护好""要变种种砍砍为走走看看""人人有事做，家家有收入""开化是个好地方，我还是要回去看看的"。

考察时，习近平提出了殷切嘱托，共同富裕的种子也就从此种下。从那刻起，在此后10余年的时间里，金星村全体村民牢记习近平总书记的嘱托，坚定不移践行"人人有事做，家家有收入"重要嘱托，深入实施共同富裕战略，以党建为引领，大力推进经济、社会、生态建设，整个村庄发生了翻天覆地的变化，总书记勾画的美好图景正逐步在金星村变成现实。

第二节　"人人有事做，家家有收入"的金星样本

"人人有事做，家家有收入"的重要嘱托，生动形象地说明了老百姓实实在在的获得感和幸福感。金星村通过十几年来不懈的努力，在总书记的嘱托下，从一个普通山区村，慢慢变成了远近闻名共同富裕示范村，走出了一条产业兴、百姓富、生态美的可持续发展之路，乡村共同富裕在金星村变成了现实。金星村也已成为习近平新时代共同富裕重要论述的独特实践样本。

一、改变致富理念，变"种种砍砍"为"走走看看"

习近平总书记强调："要正确处理好经济发展同生态环境保护的关系，牢固树立保护生态环境就是保护生产力、改善生态环境就是发展生产力的理念，更加自觉地推动绿色发展、循环发展、低碳发展，决不以牺牲环境为代价去换取一时的经济增长。"②开化拥有丰富的生态资源优势，开化县委十四届十次全会明确要大力培育现代农业、民宿经济、生态旅游、文化创意、运动休闲、健康养生等新产业新业态，加快沿马金溪产业集聚，在全国率先提出"生态立县"

---

①　开化县人民政府.浙江开化"多规合一"试点[EB/OL].(2016-02-28)[2022-07-16].http://kaihua.gov.cn/art/201615126/art_1229550456_59009829.hyml.

②　习近平.习近平总书记论生态文明建设[N].人民日报,2017-08-04(1).

金星村村口

发展战略基础上，开化全面关停淘汰高能耗高污染企业，以科技创新推动产业革新，食品医药、建材矿业、轻工机械"老三样"逐步拓展为新能源、新材料、新装备等工业"新三样"①。在"绿水青山就是金山银山"理念的指引下，金星村转变发展理念，依托良好的生态环境和绿色资源，村民纷纷放下"砍树斧"，从"卖山林"到"卖生态"，变"种种砍砍"为"走走看看"，走出一条用绿色生态为发展致富赋能的新路。

---

① 夏盛民.牢记"人人有事做，家家有收入"殷殷嘱托——打造山区共同富裕先行实践地［N］.2022-07-25.

1. 林权到户,村民打理好山林就有收入

2008年,金星村按照中央《关于全面推进集体林权制度改革的意见》精神,将村集体山林分到农户经营。这一改革举措,极大激发了农户种林积极性,像种田一样种山,像种菜一样种树,种好苗护好林。村民们不用外出做事在家打理好山林就有收入。这一政策成就了金星村连绵的大山和郁郁葱葱的林木,实现人均10亩山林,青山变成了金山。目前,金星村拥有生态公益林近6000亩,其中风景林1000亩,森林覆盖率达到87%,常年空气质量优良率在98%以上。金星村所在的开化县十几年来也在致力于探索科学的资源变现机制和可持续发展的顶层设计。围绕资源变现,开化探索生态公益林林权抵押制度创新,开展了农民住房财产权抵押、担保、转让试点,启动实施农村承包土地经营权、农民宅基地物权、农村集体经济股权改革;围绕着盘活资源、资产、资金,启动了国资管理体制改革,着力构建"县国资委—国资公司—国有公司"三个层级的国资运营管理新体系。

2. 发展农家乐与民宿产业

依靠优美的自然风光,吸引了许多城里人、外地人到金星村休闲游玩。以千年银杏树为中心,金星村发挥地理位置优势,大力发展乡村旅游,鼓励、引导村民开办农家乐与民宿产业,通过"走走看看"带动村民致富。在村两委的鼓励下,一些外出创业的村民回到村里办起了农家乐。在他们的带动下,村里先后开了多家农家乐,拓宽了农民增收渠道。深渡客栈是金星村中高端民宿第一家。深渡客栈的成功试水,让其他村民动了心思,齐齐追赶起"美丽经济"。村里还引进"优宿"新业态。"公司+农户",统一设计、统一标准,在更高的起点上发展民宿经济。同时,金星村积极对外引进了"二食一宿""心渡"等中高端民宿,打造出了民宿特色品牌,形成了民宿集群效应,将生态资源转化为生态资本。开发民宿不仅让闲置房屋资源得到充分利用,还让村民通过房租及直接参与管理获得了一定的经济收益。截至目前全村共发展民宿(农家乐)23家,其中省级金宿2家,银宿1家,省等级民宿培育单位3家,床位200余张,全年吸引远近游客20余万人。

3. 发展乡村旅游,探索老年康养模式

金星村深刻认识到生态环境的重要,坚持村庄即是公园的理念,聘请专家科学制定村庄建设规划,建设美丽金星。近年来,金星村实施治水造景,先后

建成休闲公园、环村江滨绿色休闲长廊、生态停车场、休闲古埠头、村口公园、香樟大道、银杏大道,将乡村打造成"望得见山、看得见水、记得住乡愁"的生态高地。金星村还与村庄边上的花牵谷景区联动发展,打包申报 3A 级旅游景区,共同打造高品质乡村旅游目的地。此外,金星村依托乡村旅游,探索老年康养模式。2017 年 8 月,村里创办了开化"茗游居"有限公司,在村里租用农民住房开发了 6 家连锁民宿,以会员制为营销模式,并把接待重点定在华东地区的中老年群体,探索老年康养模式,让游客"边走边吃边看",带动"人气"同时带动村民共同致富。

二、优化发展模式,念好"红十绿"致富经

坚定不移加快转变农业发展方式,走产出高效、产品安全、资源节约、环境友好的现代农业发展道路是破除农业发展瓶颈的不二之选。金星村始终坚持"村庄变公园、猪舍当工坊、牛栏做咖啡"的绿色发展理念,重视生态保护,将生态保护列入村规民约,实施绿色产业发展战略,同时充分挖掘红色教育、休闲旅游等方面优势资源,发展特色产业。

1.壮大绿色产业,发展生态农业

在种茶叶之前,金星村村民大多以养蚕为主要收入来源。但由于村民卫生意识不强,将蚕粪抛在村庄内,日积月累,导致村里卫生条件极差,还滋生了很多病菌,以至于后来养的蚕年年发病,经济效益持续低迷。2005 年初,郑初一带领党员干部到外地考察,发现种植茗茶大有可为,当即决定带领村民种植茗茶。2006 年,郑初一争取到县特产局的技术支持,为鼓励村民种茶,他又推动金星村研究出台每亩补助苗款的政策,当年就发展茶农近百户。在郑初一的示范引领下,金星村茶农从当初的两三户发展到现在的两百多户,茶园也扩大到一千多亩,不少村民靠种茶走上了致富路。为方便茶农加工和销售,2007 年郑初一办起了茗茶加工厂,2008 年又成立了金星村茗茶专业合作社,形成"种植、采摘、加工、出售"一条龙产业,实现统一加工、统一销售,使茗茶产业得到持续健康发展。如今茗茶已成为金星村民致富的支柱产业。此外,金星村落实习近平总书记指示,积极发展无花果产业,建起无花果种植基地,同时开发出无花果酒、无花果饮料、无花果酵素、无花果香皂等系列产品,把小小的一棵无花果发展成覆盖全省、辐射全国的大产业。在产业业态方面,金星村建立"三树金星"产业品牌,发展创意农业,培育无花果、龙顶茶、银杏果、巨型稻、竹

艺品等有辨识度的生态产品。

2.抓实红色产业，发展培训经济

依托着优美的生态环境，金星村充分挖掘在红色教育、休闲旅游、绿色发展等方面优势资源，牢牢把握主题教育主阵地、乡村振兴主平台、基层治理主载体的定位，大力推进红色教育产业。金星村在全省率先开办乡村振兴讲堂，创新以"专家下堂""百姓上堂""以堂养堂"等为主要内容的"六堂模式"，打造了"银杏树下话党恩""总书记的金星情"等红色教育精品课程，大力发展会务经济、培训经济。同时，金星村将讲堂作为双招双引、强村富民的主抓手和主载体，把讲堂建立在产业上，把产业融合到讲堂中，先后与浙江外国语学院、衢州职业技术学院、衢州农民学院、温州农民学院、县委党校等开展合作办学，每年承办各类培训班。为提升金星村的住宿及餐饮规模，村里与浙建投谋划筹建了党建培训中心，不断完善培训产业配套设施。通过对培训项目进行市场化培育，金星村极力打造在省内外都极具影响力的国家级研学基地，从而壮大开化培训产业，带动研学经济发展，助推乡村振兴和共同富裕。

三、促进产业升级，搭上数字电商直通车

全面推进乡村振兴必须加快乡村产业升级，要对乡村资源进行综合分析，充分利用乡村自身优势腾笼换鸟，发展新兴产业，实现经济的可持续、高质量发展。一直以来，开化着力建设凌云电子商务创业园、易云电子商务创业园、大健康数字经济产业园、中国（开化）绿色产品跨境电商示范基地和电子商务公共服务中心等电商产业平台，培育具有影响力的电商产业集群。在此背景下，金星村牢牢把握数字经济的东风，推动传统农业向数字电商经济发展。

1.把握电商机遇，打造省级电商专业村

近年来，开化县通过政策支持、平台搭建、产业帮扶、人才培育等多措并举，助推电子商务工作实现创新发展。特别是 2014 年以来，开化县通过打造农村电商公共服务平台等途径发展农村电商，基本形成了农村电商雏形；2016 年开化县与阿里巴巴集团达成战略合作，推进省内首个阿里村淘 3.0 项目落地，为村民们开辟出了一条"消费品入村，农产品进城"的电商渠道①。随

---

① 开化新闻网.开化县 5 个行政村获 2019 年浙江省电商[EB/OL].(2019-12-26)[2022-07-16]. http://khnews.zjol.com.cn/khnews/system/2019/12/26/032088302.shtml.

着互联网、网购平台的发展,金星村的发展理念也发生了一些改变,与开化县的发展方向不谋而合。目前,电商发展在金星村初具规模,做大做强农村电商是金星村今后的发展方向之一。为了大力推动农产品网上营销、加快电子商务发展,村里每年多次组织人员参加电商培训班,每年通过培训班培训 100 余人次。农户们的新鲜原料如果销售不完,还可由民宿业主、旅游公司等通过电商平台销往全国各地。2019 年,金星村开设网店有 100 多家,电商年交易额达 1500 多万元,有近 230 人从事电商行业。金星村更是因此进入了当年度浙江省商务厅公布的省级电商专业村和电商镇名单,是开化县 5 个获得省级电商专业村称号的村之一。

2. 将品牌优势转化为产业优势

产业振兴与发展是乡村振兴的重要一环。开化县以"培育做强钱江源区域公用品牌"列入省"一县一策"试点为契机,推进农产品特色化、精品化、品牌化,种养业、外出务工、来料加工"老三样"逐步拓展为电子商务、民宿农家乐、乡村旅游等农旅"新三样",农民收入不断提升,城乡收入差距不断缩小。2021年,城乡居民收入比缩小至 1.89∶1①。华埠镇则因地制宜发展"一村一品",培育茶叶、中草药、清水鱼、芦笋等各类特色产业 20 余个,种植业面积 3000 余亩,带动各村实现纯收入 700 余万元。此外,开化统筹规划产业布局,加快土地集中连片流转,推动资源要素向重点项目集聚。契合市场需求,依托"钱江源"区域公共品牌提升产品标准,让金丝皇菊、土蜂蜜等一批优质生态农产品走出县门、迈向全国②。银杏树、茶树、无花果树,是金星村的特色农业资源。金星村始终坚持"绿水青山就是金山银山"的发展理念,以"三棵树"为基础,将金星村的资源优势转化为产业发展优势,因地制宜地打造了"三树金星"村级区域品牌,以特色化、规模化、品牌化为发展方向,实施产业振兴行动,找准共同富裕"路子"。

3. 产供销一体化,实现供销致富

2019 年,开化县利用社交电商等新零售模式,继续推进农村电商发展,开发出适合本地的社交电商平台"乡村鲜生",平台实现今日下单,明日送达的配

---

① 夏盛民.牢记"人人有事做,家家有收入"殷殷嘱托——打造山区共同富裕先行实践地[N].2022-07-25.

② 李剑峰.打造山区共同富裕先行示范样本[N].浙江日报,2022-07-30(4).

送目标。在激发乡村消费升级的同时，开化通过与农村淘宝、益农信息社、供销合作等合作，已逐步实现"县内优质产品，县内优先购买"的本地农产品上行流通新模式。2021年8月，趁着新零售的东风由开化县供销社投资的金星村村级供销社正式揭牌。金星供销社面积300平方米，设有优质农产品展示厅、茶香会客厅、带货直播室、供销书吧等。供销社主要从三个方面展开服务：一是打造订单式农业新模式，实现"一条龙"服务，通过"市场下单、农户生产、供销合作社包销"的新型农业合作模式，实现"接单付定金、生产全服务、产品包销售"全流程服务。二是依托数字赋能，建设农产品溯源体系，实现农产品数字化采集分析、生产管理，进一步增强品牌可溯性和认可度，让消费者买得安心、吃得放心。三是线上线下相结合，拓宽销售渠道。线下与四海一村、下沙高校区、大型国企等建立合作，让金星供销合作社优质农产品进食堂、进社区、进高校，与桐乡市、上城区等协作地区初步交流，达成销售意向。线上与政采云、浙里汇建立合作，通过主播电商带货、微信小程序等新型方式，拓宽销售渠道，加快实现农村现代化[①]。

4. 开通"供富大篷车"助行共富路

2021年12月，开化县供销社在前期实地走访调研各乡镇村农业产业、农产品供销情况基础上，推出了"供富大篷车"服务。"供富大篷车"是帮助农民共富的流动车，是充分发挥供销社在农村日用品消费、农产品流通、农资供应等方面的组织和流通优势，开展日用消费品下乡、农资进村、农产品进城等一系列服务，为偏远山区群众迈向共同富裕搭建一个消费和销售的"双便利"平台。开化县供销社主要通过三条举措来发展"供富大篷车"：一是红色党建引领，构建山村共富服务端。成立"三位一体"红色共富党建服务联盟，在基层党组织力量中优选具备良好群众基础的成员作为专职网格服务联络员，为山区群众提供外部价格及需求消息，并利用"供富车"团队帮助偏远山区群众代购生产及生活用品。目前已组建23人党员服务团队，建立村级服务网格35个，帮助65个受益山村群众代购、代办210余件次。二是收购加工双提升，构建山村共富生产端。开通4条共富线路，配备3辆共富车，设立12个村级收购网点，每周定时定点两次在周边65个山村上门收购农副产品。组建"送技助

---

① 中国供销合作网. 浙江衢州开化县社：村级社开启为农服务新征程[EB/OL]. (2021-08-24)[2022-07-18]. http://www.chinacoop.gov.cn/news.html? aid=1719798.

产"团队,定期将农技、金融和农资三项服务送到山区,并以正在建设的"1＋3＋5＋X"供应链项目为抓手,构建覆盖全县城乡农产品仓储、加工物流体系。现累计开展上门收购48次,收购各类农副产品1.3万余斤;为1.8万名山区群众提供农资农技服务。三是线上线下双渠道,构建山村共富销售端。引入市场主体经营销售,由供销社定期考核,以奖代补。线下,在城区建立高山农产品直销点,在合作商超设立高山蔬菜"供富"专柜。线上,利用"金星共富E购"小程序、抖音直播、"浙农服"数字化平台等发布供需信息助推销售。已建立城区直销点1个,设立"供富"专柜5个,线上线下日均销售额9000余元①。

四、拓宽致富之路,灵活就业实现强村富民

1.创新形式,不断壮大村级集体经济

实现共同富裕,集体经济是重要基础,金星村研学与培训产业便为集体经济提供了强大动力。村集体与社会资本合股成立公司,将乡村振兴讲堂纳入公司化运营。除了普通的培训业务,金星村的乡村振兴讲堂还引进西部扶贫产品,通过电商包装销售,获得了可观利润。在培训高峰时段,本村民宿安排不下,不得不安排部分学员住到城里。目前,金星村乡村振兴综合体已经建成,钱江源党建治理馆已经正式开馆,讲堂由原来的一个增加到现在的四个,可承载的培训规模较原先增长四倍,接下来还将以乡村振兴讲堂场地入股的形式与客商合作,负责讲堂的整体运营,预计每年将为村集体增收100万元以上。此外,在金星村开发旅游资源的过程中,农行开化县支行为其量身定制的金融服务方案,推动了村集体经济的多元化发展。双边合作打造的非遗创意街区、农旅产业发展研究中心及田园综合体、党建培训中心等多个业态,让金星村在致富路上有了更足的底气。金星村所在的华埠镇同样也通过"无中生有"的方式,因村施策,采用发展讲堂经济、出租"一米菜园"、成立保洁公司等方式,摆脱村集体资源和资金缺乏的束缚,走出了一条壮大村集体经济的新路子②。

---

① 浙江省供销合作社联合社.开化县发展好"供富大篷车"显实效[EB/OL].(2022-08-12)[2022-08-27].http://gxs.zj.gov.cn/art/2022/8/12/art_1450655_58921616.html.

② 浙江新闻.百年大党的支部力量｜金星村:做那颗"最亮的星"[EB/OL].(2021-04-27)[2022-07-18].https://zj.zjol.com.cn/news.html? id=1656849.

2.鼓励创业投资,增加家门口的就业机会

金星村紧紧抓牢招商引资这一发展突破口,全力以赴大招商、招大商,积极培育新业态,引进更多社会资本参与美丽乡村建设。目前,金星党建培训中心项目已经完工,将成为乡村休闲旅游的新代表;引进1家优质企业入驻——浙江正壹新零售有限公司,实现大量优质青年在村办公,未来将带动华埠镇老百姓在家门口就能卖货;完成乡村振兴综合体装修工程,两个大型会议室和五个电商直播间已正式投入使用。全省首家村级供销社——金星供销社也已揭牌营业。随着金星村生态环境越发优美,越来越多人嗅到了金星村的商机,不只是衢州本地人,周边江西、安徽等地投资者也纷纷将目光转向金星村。"隐乡小院"民宿的老板娘赵娜娜是安徽人,现全家已经扎根开化。此外,原先在外打工的村民纷纷回归。10多年前,金星村全村700余劳动力有大半在外打工,如今基本回村创业。回乡创业的陈建军感叹:"2007年开始在上海做生意,看到家乡正在打造国家公园,生态环境好,所以上海的生意就交给妻子打理,我回家乡开办休闲观光农业,并种植蓝莓。家乡情浓啊,在创建蓝莓种植基地时,得到了郑初一的大力支持,让我感到很温暖。虽然我现在上海、开化两头跑,虽有点累但快乐着。"

3.依托灵活就业应用,提供灵活就业服务

"人人有事做"的前提是让群众拥有就业机会、就业岗位。开化针对常年外出从业人员近10万人、占农村从业人员50%的现状,创新开发"智享用工"数字场景,通过搭建云上集市促充分就业、推出劳务管家保规范就业、提供店小二服务助温暖就业。2021年8月10日,开化县在"浙里办"正式上线了灵活就业应用平台,涵盖求职招聘、技能培训、政策推动、权益保障等功能。此外,开化县将全县乡镇、村(社)分为742个网格,镇村干部走村入户开展摸底、推广、指导等工作。将县域零工人群的个人信息、求职需求、专业技能、主副业工龄、期盼薪酬、意向工作区域等录入上云,建立"一人一档"并进行"精准画像"[1]。自应用上线以来,已登记服务用工单位6000余家,提供各类岗位6.37万个,求职成功3.6万人次,岗位匹配成功率达26%,人均增收5300元。该

---

[1] 浙江省人力资源和社会保障厅.开化县运用"灵活就业"数字平台服务"零工经济"显成效[EB/OL].(2021-10-12)[2022-08-05].http://rlsbt.zj.gov.cn/art/2021/10/12/art_1389524_58926789.html.

灵活就业应用场景已被浙江省人社厅评为首个县级数字化改革最佳实践称号,在全省进行试点并推广。金星村所在的华埠镇 2021 年推广"灵活就业"应用帮助求职成功 2000 余人次。

【案例 3-1】三树金星:三棵树中的致富故事

(一)茶树的故事

2008 年,金星村启动集体林权制度改革,将村集体的近万亩山林分给各家各户,抓住林权制度改革的契机,将近万亩山林确权到户经营。村民们像种田一样种山,像种菜一样种树,在家打理好山林就有收入。

在这次改革中,具有经济头脑的王瑞红夫妻率先开山种茶,"开化龙顶是个好品牌,不好好种起来就太可惜了"。十余年的耕耘,王瑞红夫妻成了村里响当当的茶叶大户。不必外出务工,在家门口就能实现致富,首批茶农的成功"试点"带动起全村的行动。"如今村子里几乎家家户户都种茶叶,还有 10 来个茶叶加工厂。大家一听是金星村的茶叶,都说你们村环境好,茶叶放心。"王瑞红还有一个打算,在村里张罗开一家茶馆,"升级"茶叶产业链。

当年习近平走进开化县金星村,看见不少村民在加工、包装茶叶,当场鼓励村干部和村民要多种茶叶。十余年来,金星村牢记嘱托,不断扩大茶园种植面积,通过发展生态茶园,以"合作社＋农户"的方式生产茗茶,全村从几户人家种茶发展到家家户户种茶,茶园从三百多亩增加到一千多亩,每年可增收 500 多万元。金星村还通过茶叶品牌化建设,从原先的粗制到精品,使茶叶的销售价格翻了一番,村民的茶叶收入也跟着翻了一番。

(二)无花果树的故事

在谈起当年习近平亲口品尝自家种植的无花果时,年过八旬的刘玉兰奶奶仍然记忆犹新:"习总书记来也吃过的,他讲(这个)好的。总书记看到无花果了,就叫我们多种一点。"习近平的话,点燃了古稀老人刘玉兰的创业梦想。她把习近平的话转告给在外工作的儿子周平,周平听说后,决定扩大无花果的种植规模,开发无花果系列产品,光这一项每年收入十几万元。在周平的带动下,金星村建起无花果种植基地,并不断扩大种植面积,同时开发出无花果酒、无花果饮料、无花果酵素、无花果香皂、无花果果脯、果干、果茶等系列产品。把小小的一棵无花果发展成覆盖全省、辐射全国的大产业,这也是源于习近平总书记的嘱托。

(三)银杏树的故事

金星村村口的银杏树,已经有一千多年的历史,是浙江省十四棵古银杏王之一。当年习近平调研金星村时,看到村口的银杏树,根须外露,枝叶稀疏,已经没有生机。他沉重地停下脚步,嘱咐村支书郑初一:"这是金星村的象征,十分珍贵,不能让它死掉。保护古树,就是保护村庄。"实际上,习近平的意思不单单是要保护好古银杏树,更重要的是让大家保护好这片绿水青山,只有环境好了,村庄才有更大的发展。因为习近平的嘱托,郑初一立即和村民一道拉来黄土、石子,盖住露出的根须,还砌起一个石圈,围住树的根部,这棵千年银杏树从此起死回生。之后,金星村重新规划,利用依山傍水的自然环境,建设银杏大道,种下一大片银杏树苗;修建古埠头、小公园,还把村里废弃的大会堂改造成"农家乐"。每到秋天银杏黄时,来金星村拍摄、写生、观景的游客挤满整个村子。这么多年来,金星村像保护古银杏一样保护着生态环境,努力践行着"绿水青山就是金山银山",用好山好水换来好收成,实现了"人人有事做,家家有收入"。

案例解析:

产业振兴与发展是乡村振兴的重要一环。银杏树、茶树、无花果树,是金星村的特色农业资源,也是生态之树、产业之树、文化之树。金星村始终坚持"绿水青山就是金山银山"的发展理念,通过因地制宜发展生态农业,将金星村的资源优势转化为产业发展优势,打造了一条具有金星特色的乡村共同富裕之路。

【案例 3-2】金星村的培训产业

2019 年 6 月以来,衢州市创新开办千余个乡村振兴讲堂,全面破题新时代农村党员群众教育,在服务乡村振兴和基层治理中取得了明显效果。目前,全市乡村振兴讲堂已开课 7.2 万多堂,教育培训党员群众 524 万余人次,受到了广大基层党员群众的欢迎。金星村紧扣市委、县委关于建设乡村振兴讲堂的统一部署,探索实施以"特色立堂、多点建堂、开放办堂、专家下堂、百姓上堂、以堂养堂"为主要内容的"六堂"模式。金星村坚持实体化运作、市场化运营,使乡村振兴讲堂成为强村富民的新动源。一是发展培训产业,以堂强村。宣讲村级优势讲堂资源,吸引各类专业培训机构来村办学,通过场地出租、提供实训基地等途径,发展村级集体经济。金星村先后与浙江外国语学院、衢州农民学院、温州农民学院、县委党校等开展合作办学,承办各类培训班,为村集体增收。二是提高农民素质,以堂富民。一方面,培训经济带来吃住行,推动民宿经济发展,如承办的全县首期乡土讲师培训班,为金星村农家乐和民宿带来近6万元的营业收入。另一方面,通过培训提高农民就业技能,为产业振兴提供智力支撑。例如,开化东方大酒店开设"待客礼仪"课程,切实提升金星村民宿管理服务水平,"心渡民宿"和"二食一宿"两家民宿成功获评全市"金宿"奖。

通过六堂模式,打造乡村振兴讲堂金星样本,实现对象全覆盖、资源全整合、阵地全下沉。自开展试点以来,金星乡村振兴讲堂已覆盖本村及周边农民党员3000余人次,各教学点吸引党员群众走进讲堂1200余人次。

案例解析:

金星村依托"县乡一体、条抓块统",不断巩固"不忘初心、牢记使命"主题教育成果,抓实抓好党员群众的教育,让金星村成为炙手可热、人心向往的地方,乡村振兴讲堂成为一块新的"金"字招牌。乡村振兴讲堂通过村情通平台收集课程需求,邀请专家、乡贤、业务能手等围绕村民现下最关心的问题、与村民最息息相关的工作,通过线上+线下、集中+分散的方式,开设技能培训、产业发展、扶贫消薄等方面的课程培训,提升群众就业创业的能力,帮助致富增收。

【案例3-3】开化"灵活就业"场景应用

零工群体是山区26县灵活就业的主力军。衢州开化为解决这一群体的各类需求问题,打造"灵活就业"应用,融合就业创业、技能培训、服务保障、政策兑现于一体,围绕富民行动,拓宽就业创业渠道,进一步写好就业创业文章。2022年5月,该应用参加浙江省人力资源和社会保障厅应用路演,被评为全省人社系统第一批"最佳应用",并已在衢州全市推广复用。

打造云享用工平台"一键匹配"。 在开化,零工群体实行一人一档。该县以乡镇为推广主阵地,将平台使用专题辅导培训向村两委和专职网格员全覆盖,打通宣传推广"最后一公里"。镇村干部围绕742个基层网格单元,走村入户推荐该平台,引导灵活就业人员进行求职意愿登记,全面收集就业意愿、技能情况和求职培训意愿等详细信息,精准形成"人物画像",建立一人一档,让很多原本就业意愿不强的农村劳动力主动加入灵活就业队伍中。同时,开化推出用工主体"一网统揽"。由人社局牵头，农业农村、妇联、市场监管等部门配合形成推广合力，充分发挥行业监管服务优势，将平台重点推介给临时性、季节性用工需求较大的行业，录入企业简介、招聘岗位、技能工种、薪资水平和学历专业需求等信息。目前，平台登记服务 4511 家用工单位，涵盖了全县 1774 个家庭农场、436 个来料加工点。全县 15 个乡镇（办事处）和 266 个村股份经济合作社都在平台注册为用工主体，明确所有项目工程和外包服务的招用工都可通过平台发布。在开化，求职招聘做到了"一键匹配"。面向求职方，平台根据薪酬、工作地点、工作时间等标签，将个人的求职意愿与岗位信息通过算法进行匹配排序，还附上服务评价等功能，让灵活就业群体享受"网购"般的求职体验；平台的"村社代办"功能也能有效帮助老龄求职群体消除数字鸿沟。面向用工方，平台提供岗位"一键发布"、求职申请信息实时推送和用工合同网上签订等链式招聘功能，企业招工成本大幅度降低。

创新"定岗不定人"参保模式。 "灵活就业平台运行成熟后，至少可以帮助 5000 人年均增收近万元。通过灵活就业平台，人社部门不仅可以对用工情况实施全过程监管，还可以通过双方互评、维权保障等功能，发现问题早介入、早处理。"开化县人社局局长严颂华介绍。针对欠薪难题，该县灵活就业平台与支付宝 APP 打通，构建形成集薪酬发放、用工满意双方互评和维权保障为一体的权益维护体系，全过程监管用工规范情况，实时查询薪酬到账情况，实时预警用工隐患。目前，开化通过平台共发放薪酬 1518 万元，发现隐患 15 次，调解成功率达 100%。同时，开化创新参保模式，着力破解工伤维权难问题。平台因岗因人设立保险模式，将新业态从业人员和超过法定退休年龄的再就业群体纳入单险种参加工伤保险范围；针对采茶、家政服务等大龄用工、季节性用工岗位，引导商业保险公司与用工单位创新"定岗不定人"保险模式，既降低企业用工风险，又有效保障灵活就业群体的工伤保障权益。目前，平台为 470 名超龄再就业人员参加工伤保险，促成中国人保与 12 家大型茶企签订保险协议。

融合培训项目构建闭环管理。 开化县提供了点单式技能提升培训。在平台上，能找到政府部门的 8 大信息系统、11 类数据资源，全县 7 家培训机构全部入驻，以用工需求和培训意愿为导向，通过培训需求统一收集、培训课程统一发布，实现点单式技能提升。"登录灵活就业应用平台，求职招聘、技能培训、政策推动、权益保障等功能一应俱全。"开化县就业管理中心主任陈智俭介绍，平台融合了 12 个部门的 45 个培训项目，以用工需求和培训意愿为导向，每年预计可增加技能培训 5000 人次①。

案例解析：

抓好就业是最大的民生工程、民心工程和根基工程，开化大力实施就业创业赋能工程，全面强化就业保障、持续创新体制机制，全县居民劳有所得、劳有厚得，获得感、幸福感不断提升。尤其是 2021 年，在数字化改革全面深化的浪潮下，开化县创新开发"灵活就业"场景应用，通过政府、村（社）、求职方、用工方、中介方五方联动，打造从身份确认到求职招聘、电子协议签订、薪酬发放、劳动保障、技能培训、政策兑现、服务评价的灵活就业全流程闭环服务。以"数字智治"赋能灵活就业服务，有效盘活闲散劳动力资源，拓宽就业渠道、促进百姓增收。开化聚焦聚力更高水平就业增收，从供给端和需求端协同发力，主动创新实践，开发推广"灵活就业"场景应用，有效破解了企业主体临时用工保障难和灵活就业群体增收难的"两难"问题。

本章小结

"人人有事做，家家有收入"阐明了山区县共同富裕的核心要义，突出了发展机会均等和发展成果共享的共同富裕理念和实现机制。"人人有事做，家家有收入"体现了"以人民为中心"的根本立场，强调了共同富裕人人参与的群众基础，在共同富裕的道路上也要做到"一个都不能少，一个都不能掉队"，充分体现了共同富裕是全体人民通过辛勤劳动和相互帮助，普遍达到生活富裕富足、精神自信自强，实现人的全面发展和社会全面进步，共享改革发展成果和幸福美好生活。"人人有事做，家家有收入"的重要嘱托与习近平总书记关于共同富裕的多次讲话精神是一脉相承的。金星村牢记总书记的嘱托，转变致富理念，变"种种砍砍"为"走走看看"；优化发展模式，念好"红＋绿"致富经；促进产业升级，搭上数字电商直通车；拓宽致富之路，在灵活就业中实现强村富民，努力打造共同富裕实践样板，走出了一条具有金星特色的高质量乡村振兴之路。

思考题

1. "人人有事做，家家有收入"与共同富裕有何关系？

---

① 衢州市人民政府. 开化灵活就业应用平台构建"网购式"求职"无差别"保障"全链条"服务 [EB/OL]. (2022-01-13) [2022-08-05]. http://www.qz.gov.cn/art/2022/1/13/art_1229459918_59008231.html.

2.金星村实现共同富裕的做法有何经验启示?

拓展阅读

1.新华社.中共中央 国务院关于支持浙江高质量发展建设共同富裕示范区的意见[EB/OL].(2021-06-10)[2023-03-06].http://www.gov.cn/xinwen/2021-06/10/content_5616833.htm.

2.余丽生.共同富裕——浙江实践的典型案例[M].北京:经济科学出版社,2021.

3.中共浙江省委党校.共同富裕——浙江先行案例[M].杭州:浙江人民出版社,2022.

4.中共浙江省委党校.共同富裕看浙江[M].杭州:浙江人民出版社,2021.

如果能够把这些生态环境优势转化为生态农业、生态工业、生态旅游等生态经济的优势，那么绿水青山也就变成了金山银山。绿水青山可带来金山银山，但金山银山却买不到绿水青山。绿水青山与金山银山既会产生矛盾，又可辩证统一。在鱼和熊掌不可兼得的情况下，我们必须懂得机会成本，善于选择，学会扬弃，做到有所为、有所不为，坚定不移地落实科学发展观，建设人与自然和谐相处的资源节约型、环境友好型社会。在选择之中，找准方向，创造条件，让绿水青山源源不断地带来金山银山。

　　——摘自习近平总书记在《浙江日报》"之江新语"专栏发表的文章《绿水青山也是金山银山》，2005 年 8 月 24 日

第四章　守正创新:金星村共同富裕创新发展之路

本章要点

> 1.金星村为避免基层党组织涣散、党员角色弱化以及农村"空心化""离散化"等现象出现,持续推进党的建设,密切党群关系,增强基层治理原动力;强化公共服务多元化供给,不断提升村民的获得感和幸福感。
>
> 2.数字技术和乡村治理与乡村振兴深度融合是推进乡村共同富裕的加速器。金星村重点打造"数字乡村大脑"建设,赋能乡村"智"理;借助数字赋能产业高质量发展,夯实金星村共同富裕物质基础。
>
> 3.多年来金星村深入践行"绿水青山就是金山银山"理念,把生态优势转化为发展优势,持续拓宽"绿水青山"向"金山银山"的转化通道,全面推进乡村振兴,走出一条绿色发展、生态富民之路。
>
> 4.金星村依托历史文化底蕴,在历史文化的赓续传承中发掘本村特色,以文惠民、以文化人、以文兴业,让精神富有照亮美好生活,助推共同富裕。

第一节　党建统领,助推共同富裕

金星村坚持党的领导,以一张蓝图绘到底和一任接着一任干的精气神,积小胜为大胜,锻造金星加快推动共同富裕的能力。金星村始终把党建统领作为推动共同富裕的"总抓手"和"红色引擎",持续增强农村基层党组织凝聚力、向心力,以高质量党建带动金星村全面发展。

一、夯实共同富裕发展的政治基础

金星村为避免基层党组织涣散、党员角色弱化以及农村"空心化""离散化"等现象出现,不断加强村干部队伍建设,按照政治素质好、带领能力强、服务能力优等标准,选优配强村级带头人和村班子队伍。不断完善党风廉政建设,金星村制订《金星十条村规》,规定村干部不得插手村里的任何工程。该村规得以贯彻至今。有了群众的支持,村里各项工作顺利推进。在"大干三个月、环境大提升"行动中,金星村不到一个月就完成全村拆改工作,用半天时间完成了原本计划半年完成的 86 亩"百里黄金水岸线"金星段项目征地,创造了"金星速度"。

1. 持续推进党的建设,增强基层治理原动力

强化党员示范引领作用,农民看党员,党员看干部。金星村发挥党支部领头雁作用,村两委干部带头承包荒地,种植茗茶。通过带头试验示范,政策引导,目前全村已发展茗茶 1000 多亩,拥有 5 个茶叶加工厂,家家户户都有茶叶,人均增收 1 万余元。如今茗茶已成为金星村民致富的支柱产业,"绿叶子"真正变成了"金叶子"。建立卫生保洁责任区,村两委干部分片包干;村退职老书记、老主任领头成立老年义务养护队,负责景观花盆养护和村休闲公园绿化养护。在党员的带动下,群众自觉做到垃圾不落地,公共绿化无人破坏。2020年 6 月,为了促进基层党建工作高质量发展,发挥名师效应,助力乡村振兴,华埠镇成立了"金色党建联盟",由金星村老支书郑初一担任联盟书记,金星村作为中心成员,通过党建联盟载体,与其他联盟成员单位通力协作,共同协商解决发展中的要事难事,以强带弱、以大带小。2021 年 6 月,在金星村全体党员群众的努力下,金星村党支部被评为"全国先进基层党组织"。

2. 密切党群关系,凝聚共富动力

一是全面落实省委"红色根脉强基工程"、高水平打造新时代党建高地,通过做细做实党员联户、组团联村、两委联格"三联工程",建立党员联户"赋权增效"机制,及时了解掌握群众所思所想所求,遇邻里纠纷、突发事件等,第一时间赶到现场处置,做到"矛盾不过夜,马上了解,立即处置"。积极推行村干部连心服务卡,组建 8 支连心服务团队,打通为民服务"最后一米"。建立党员网

格联户包事制度，每名党员至少联系 10 户群众，负责包干联系农户垃圾分类、计划生育、矛盾纠纷调解、信访维稳等事项，通过一日一走访，了解掌握群众所思所想所求，做到群众家事联系党员心中有数，增强群众对党员干部的认同感，增进群众对党员干部的鱼水之情。金星村党支部荣获"省先进基层党组织"荣誉称号。

二是结对帮扶。金星村发挥党员干部带头作用，实行"一户一党员""一户一政策"帮扶体系。金星村定期召开党支部会议，商讨脱贫致富具体事项，实行"一户一党员""一户一政策"帮扶体系，党支部书记与其他党员干部一起带头对"低保户"、贫困户实行具体帮扶。在金星村，党组织的力量无微不至且深入群众，在帮扶中团结群众自觉参与到共同富裕与乡村振兴中来。

三是用好"初一党代表工作室"，建立来访接待、服务承诺、回复反馈等制度，共接待来访来信群众 2000 多人次，解决各类矛盾纠纷 200 多起。金星村实现连续多年无刑事案件、无赌博现象、无封建迷信活动，做到 70 多年以来矛盾不出村、信访不出村。

四是积极引才回乡，壮大共富队伍。梳理本籍在外人才，建立联谊机制，实施引才回乡计划，助推金星村乡村振兴与共同富裕的实现。传承"千年银杏"文化基因，增强乡贤文化凝聚力。凝聚乡贤力量，发挥乡贤作用，对促进乡土文脉传承、推进乡村治理现代化、实现乡村振兴有着非常重要的意义。金星村积极培育乡贤工作室和乡贤项目，发挥人才回归、技术回乡、资金回流的"聚合效应"。设立"千年银杏"乡贤馆，讲乡贤奋斗故事、讲乡贤奉献精神、讲乡贤家国情怀，厚植乡贤文化，形成了学乡贤、颂乡贤、做乡贤的鲜明导向，助力人才回归、产业兴旺。

二、增强公共服务多元化供给

为进一步提升金星村村民的获得感和幸福感，金星村不断提升公共服务效能。

1. 培训乡村振兴带头人，培育共同富裕领头雁

富村先富脑袋，为有效推动金星村的振兴发展，打通"绿水青山"与"金山银山"的转换通道，首先要从转变农民陈旧的思想观念着手，金星村积极开展"送知识、送经验、送技术"等活动，推动金星村农民家庭收入渠道多样化，实现金星村共同富裕由依靠"输血"向自我"造血"转变。

2.助"双减",在贯彻中央政策上积极探索

金星村供销社率先贯彻学生"双减"政策。在征得县供销社同意和支持后,设立了供销书吧,并制定了有针对性的开放和使用时间,投放了适合义务教育阶段学生的各类书籍1万余册。时间上,周末及平时晚6点至8点,书吧只针对学生开放;人员上,金星供销社还招聘了4名大学毕业生,不仅做好书吧的服务工作,还能为学生解唯释疑;保障上,全天候的空调、开水供应,以及进出书吧登记制度,让家长放心、安心。

3.打造公共活动场所,实现公共服务多元共享

金星村积极筹办全省首家村级供销社,开化县金星村供销社面积300平方米,设有优质农产品展示厅、茶香会客厅、带货直播室、供销书吧等。农产品展示厅,依托数字赋能,建成农产品溯源体系,系统展示开化清水鱼、山茶油、龙顶茶等300余种优质农产品从种养到销售全过程,可线上扫码下单,也可线下直接购买;茶香会客厅、供销书吧,供闲暇观光、品茗休憩;农产品销售直播间,美女主播实时在线带货,游客和消费者可以停下脚步,参与互动,体验主播直播。

第二节 数字赋能,催生共同富裕发展新动能

一、"数字乡村大脑"赋能乡村"智"理

1.积极创建"未来驾驶舱"系统

金星村着力打造功能强大的智慧党建系统——"未来驾驶舱"系统,联合衢州移动积极推动智慧党建管理全面升级突破。金星村"未来驾驶舱"系统包含数字治理、数字党建、数字服务三大模块。数字治理模块可以统计人车流量,方便交通疏导、查看实时监控,做好全村安防等工作;数字党建模块包含了"组团联村、两委联格、党员联户"的交互信息,为让游客有更好的体验,该模块加入5G-VR技术,游客只要戴上VR眼镜就能沉浸式体验游玩金星村;数字服务模块则是为孤寡老人等弱势群体提供服务的综合平台。金星村通过建立"一屏"展全貌、"一键"全调度、"一脑"知全村的基层治理新模式,有力地提升

了金星村党建引领基层治理智慧化精细化水平。

2.数字赋能打造未来乡村

金星村打造"美丽乡村＋数字乡村＋共富乡村＋人文乡村＋善治乡村"的集成建设,着力构建引领数字生活体验、呈现未来元素、彰显江南韵味的乡村新社区。2022年,金星村上榜100个全省第一批未来乡村建设试点村名单。

二、数字赋能产业高质量发展

1.全面推进"产业特色村＋新零售村"建设

走进金星村,"网上农博—村一码"标志随处可见,随时可以扫码进入网上农博金星村专场去体验、感受并购买金星村产品,还可以观看金星村产业宣传片,了解金星村产业发展内容。积极举办茶文化节庆活动,以"直播带货＋云游金星村"形式推介金星村及其茶产品。金星村首届线上茶产业节暨金星茶专场活动在网上农博平台成功举办,活动总共售出金星茶800余份、茶叶总价值11万余元。

2.以金星供销社为新型载体,打通农特产品销售"最后一公里"

金星村供销社依托数字赋能,建成全市首个农产品溯源体系,系统展示开化青水鱼、山茶油、龙顶茶等300余种优质农产品从种植到销售全过程,线上扫码下单,线下直接购买。通过发展农产品电子商务,挖掘消费者偏爱原生态有机农产品的潜在市场,打通农村电商"最后一公里"和农产品进城"最先一公里",扩展市场渠道,提高市场份额。供销社将发挥职能优势,利用数字赋能、精心指导、精准服务,线上线下结合,擦亮供销金名片,把金星供销社打造成"数字供销"的"金星样本"。

3.数字化赋能营销体系,提振销售新动能

充分利用各大网络媒体直播带货,积极培育本土网红,打造网红主播孵化空间和公共直播间,组建主播联盟。2019年,金星村开设网店有100多家,电商年交易额达1500多万元,有近230人从事电商行业,成为当年的全省电商镇村。为大力推动农产品网上营销、加快电子商务发展,金星村每年多次组织人员参加电商培训班,每年通过培训班培训100余人次。

第三节　打通"两山"的双向转化通道，发展绿色生态农业促动共同富裕

生态环境是共同富裕的底色。浙江"七山一水二分田"，是"绿水青山就是金山银山"理念诞生地和率先实践地。在新的历史发展阶段，如何实现经济社会的最大化发展和资源能耗的最小化消耗，从而提高人民收入缩小贫富差距，实现高质量发展是当前面临的一大课题。

多年来金星村深入践行"绿水青山就是金山银山"理念，把生态优势转化为发展优势，持续拓宽"绿水青山"向"金山银山"的转换通道，全面推进乡村振兴，走出一条绿色发展、生态富民之路。金星村先后荣获"全国先进基层党组织""全国文明村""全国绿化造林千佳村""首批全国乡村旅游重点村""国家级生态示范村""中国美丽休闲乡村""中国淘宝村""省级山区生态优化平衡试点村""省级水土保持工程示范区""浙江省首批小康建设示范村""省级特色旅游村""省级首批绿化示范村"等荣誉。2020年，金星村作为衢州唯一、浙江仅12处成功入榜2020年中国魅力休闲乡村名单。

金星村全貌一览

一、加强生态保护，建设生态宜居美丽乡村

一是聘请专家制定村庄建设规划，进行旧村改造、新村建设，打造"秀美山水、休闲金星"。金星村建成 3000 平方米休闲公园、万米环村江滨绿色休闲长廊、7000 平方米的生态停车场、大型农家乐、休闲古埠头、1500 平方米村口公园、500 米香樟大道、300 米银杏大道，村民们齐心协力打造绿色家园。十多年来，金星村村民们"像保护古银杏树一样保护生态环境"，将生态保护列入"村规民约"，大力推进美丽乡村建设，先后建成银杏公园、生态停车场、江滨休闲长廊、香樟大道等景点，营造了"村在林中，人在绿中"的美景。

二、持续推进环境综合治理，乡村面貌再露新颜

金星村积极响应县委、县政府"建设两美国家公园"的号召，以"创森"为契机，以"一村万树"为提升点，以"五水共治""小城镇综合整治"为抓手，建设生态网络体系、生态文化体系、生态保护体系，提升了村庄周边绿化，提高了村庄品位。

三、发展绿色生态农业促动共同富裕

一是发展绿色低碳循环产业。因地制宜发展创意农业，培育无花果、龙顶茶、银杏果、巨型稻、竹艺品等有辨识度的生态产品，发挥木本植物固碳作用。同时引进优质电商资源，形成产业特色＋线上新零售，为本村农民开辟出一条新的致富路。推动生态价值赋能，积极推广生态循环互利共生循环系统，不断提升农产品生态附加值，全方位覆盖消费者对生态优质农产品的需求。

二是实施农业生产"三品一标"提升行动，推动品种培优、品质提升、品牌打造和标准化生产。金星村始终坚持"绿水青山就是金山银山"的发展理念，以"三棵树"为基础，将金星村的资源优势转化为产业发展优势，因地制宜地打造了"三树金星"村级区域品牌。统一产品标准规格，统一标识，统一包装，统一产品标准，建立"一证一码"产品追溯体系，确保农产品的生态品质，打造"奢侈品"级别的生态农产品，让"三树金星"品牌成为健康、安全、优质的代名词。

三是健全生态产品价值实现机制。严格农产品质量安全监管，深入推行食用农产品达标合格证制度，提升特色农产品全产业链价值。通过农产品产业链与创新链结合，在农产品产业链的"微笑曲线"两端创新开发，提升农产品

产业附加值,提高金星村生态产品溢价率。金星村立足生态优势,用心做好茶文章,牢固树立"种好茶、做好茶、卖好茶、喝好茶"的理念,强化茶产业对外交流、茶馆打造,营造浓厚的茶文化氛围。

四是挖掘乡村特色资源,赋能乡村产业链条。金星村充分利用山青水绿的优美生态环境大力发展乡村旅游和民宿经济。发挥农民主体作用,积极引导村民改造自有住房,依托丰富生态、文化资源,参与旅游经营和餐饮服务,培育新型农民、职业农民,推动"资源变资产、资金变股金、农民变股东",进一步扩宽农民增收致富渠道。民宿经济赋能乡村振兴,真正实现了资源变资产、资产变资本。目前,全村共有民宿23家,床位200多张,农家乐5家,特别是"心渡""二食一宿""隐乡"等高端民宿入驻金星村,实现公司化运营、专业化管理,游客吃、住、玩、购全在村里,带动了很多农户从事乡村旅游。2020年7月,成功入选浙江省级民宿(农家乐)助力乡村振兴改革试点。

四、深化农村体制机制改革,激发金星村发展活力

共同富裕的推进包含各群体之间权益平等的保护,更是各种权益实现的过程。现实中,我国农村以及农民权利被弱化、虚化的情况依然广泛存在。体制机制改革是增强农村发展内生动力、激发农业农村发展新动能的重要举措。因此,加强对农村、农民各种权益的保护,创新各种财产权、使用权以及资格权等权益的价值实现机制,将潜在的价值变现,无疑是我国农村地区推进共同富裕的路径之一。

近年来,金星村通过不断改革创新,逐步形成了一套盘活农村资源的价值实现机制,为以市场化改革推进共同富裕提供"金星样板"。一方面,将金星村农民的权益具体化,为农民可以自己决定其权益的处置方式提供制度保障,发挥市场在资源配置中的重要作用,有效提升市场配置资源的效率。另一方面,通过改革,盘活金星村农民的各种权益,使"沉睡"的资源转化成现实的经济效益,不断提升农民的获得感、幸福感,构建农村资源的价值实现机制,激发农村活力,让金星村村民切实享受改革红利。

一是激活农村资产资源。金星村始终秉承护好"一片林"的发展理念,不断夯实共富根基。2008年,金星村开始启动集体林权制度改革,将村集体的近万亩山林分给各家各户,鼓励老百姓种茶叶。邀请专家进村开展选种选苗、种植、加工等方面的培训,同时村集体还给予每亩200元的补助,解决了农户购买茶苗的经费问题。鼓励村民建设标准厂房,形成"种植、采摘、加工、出售"

一条龙产业。到2019年，金星村的茶农已经户发展到200余户，几乎每个人口都有一亩茶园，98％的家庭从事茶叶行业，全村有茗茶1000多亩，5个茶叶加工厂，人均增收1万余元，"绿叶子"真正变成了"金叶子"。

二是开展宅基地活权试点改革，激活农村要素资源。为加快推进开化农村土地制度改革，2019年5月，开化县以全市农村宅基地"三权分置"改革试点为契机，以金星村为试点，在全市率先开展宅基地活权试点改革，激活农村要素资源，发放农房抵押贷款，激发乡村发展活力。开化县在守住"土地公有制性质不改变、耕地红线不突破、农民利益不受损"三条底线的基础上，制定了《开化县金星村宅基地管理办法》和《开化县金星村宅基地管理细则》，明确宅基地所有权归村集体所有，村集体经济组织成员即金星村村民享有平等的宅基地资格权，同时改变宅基地和房屋的单一居住功能，适度扩展到电商、民宿等农村新产业新业态，允许宅基地使用权和房屋使用权有条件流转交易，撬动存量闲置农房由资产向资本转变，激活农村土地市场。比如金星村农户通过把自己闲置的房间拿来出租，由村里引进的茗游居旅游发展有限公司等主体统一搞民宿，房子的租金比每年就有3万～4万元，成为村民增收的重要来源。

三是积极探索农房使用权融资模式。为拓展宅基地和房屋的融资功能，开化县里还专门制定了《金星村宅基地和农房使用权抵押贷款管理办法》，在全省率先开通宅基地使用权和农房使用权登记系统，积极探索农房使用权融资模式，分类别、有保障地开展农房使用权融资工作，明确已取得所在房屋合法不动产权利证书的农户，可以通过签订协议转让自家宅基地使用权和农房使用权给村集体，并通过向村集体交纳1％贷款手续费作抵押人向农商行进行低利率贷款，赋予宅基地和农房更充分的财产权益，让农民手中原本"沉睡的资产"变成可流动、可增值的资本。目前金星村已办理不动产证29宗，已上报县不动产登记中心133宗，已审核准备上报104宗。通过放活宅基地和房屋使用权，农民可以通过自主经营、出租、合作开发等方式逐步增加财产性收益。而通过宅基地适度交易流转等方式，村集体可以从中获取合理收益，壮大农村集体经济，一举多得。

四是创新绿色金融模式，打造"两山银行"。2020年6月，开化县启动"两山银行"改革试点工作。一年多来，建立了"以政府为主导、以国企为主体、以整合为基础、以占补为特色、以资本为支撑"的"两山银行"运行机制，探索了一系列政府、企业、村集体、村民及金融机构多方参与的协同合作模式，为生态产品价值实现和实现共同富裕提供创新路径。开化县推进"两山银行"试点村和项目建设,全面调查县域自然资源资产,选取金星村作为首批试点村之一,全面落实资源储蓄、资产整合、产品运营、金融创新、收益分红等"两山银行"全过程机制。同时,深入推进 GEP 核算分析两山资源转化应用场景建设,打造GEP 核算、GEP 分析、GEP 应用三大模块。依托数字赋能,将 GEP 核算应用场景与"两山银行"建设深度融合,实现生态资源评估分析、交易变现和占补平衡。"两山银行"让碎片化资源得到盘活,存入绿水青山,取出金山银山。"两山银行"转化的项目金星村高端民宿项目真正实现低效闲置资源资产的集约利用,让生态资源真正变成百姓红利。

第四节　文化振兴,谱写乡村共富新篇章

共同富裕既体现在物质财富的共建共有,也体现在精神文化财富的共创造共享[①]。近年来,金星村依托历史文化底蕴、在历史文化的赓续传承中发掘本村特色,以文惠民、以文化人、以文兴业,让精神富有照亮美好生活,助推共同富裕。

一、传承红色文化,守护共富初心

大力弘扬"杀头不叛党的无限忠诚、掉肉不掉担的无穷担当、流血不丧志的无畏斗争、舍生不忘义的无悔奉献"的浙西革命斗争精神,带头开展"初心之行""使命之行""担当之行",全面推进干部队伍领航计划、雏鹰计划、头雁计划和常青藤计划,争当党建统领基层治理排头兵。

1."初心讲堂"传初心

以"初心讲堂""红色、金色、绿色"三色模式为依托,创设基层党建"红色传承""两山理论"实践路径,基层治理打造"幸福金星"三套课程,开发了"初一夜话""银杏树下话党恩""金星一课"等精品特色课程。聚焦红色传承,按照地理位置就近、发展定位相近原则,以红色教育资源较丰富、党建工作走在前列的村(社)党组织为中心,吸收周边培育村、后进村党组织,机关部门、事业单位党

组织,"两新"党组织等加入,发挥红色传承、典型引领作用,变"零星盆景"为"全域风景"。

2."振兴讲堂"促振兴

牢牢把握主题教育主阵地、乡村振兴主平台、基层治理主载体的定位,大力推进乡村振兴讲堂建设,探索推行"特色立堂、多点建堂、开放办堂、专家下堂、百姓上堂、以堂养堂"的"六堂"模式,全力打造乡村振兴金星样本。将讲堂作为双招双引、强村富民的主抓手和主载体,进一步做大做强。建设主讲堂,培育汽糕师、竹编师、名厨师、陶瓷师等若干"乡土工匠"专业技术现场教学点,以及"一米菜园""巨人稻"等实训基地。

3."共富讲堂"话共富

梳理一批共富典型案例、共富典型人物,大力推进共同富裕建堂建设,为共同富裕示范区建设提供金星色彩。通过"党建联盟"加快形成区域合力。结合区位条件,充分发挥南部联盟各乡镇优势,建强资源共建共享平台,争取落地更多好项目、大项目,实现合作共赢。在提升"共富联盟"上持续发力,鼓励以自主开发、合资共建、投资入股等方式盘活村集体资产,全面增强村集体经济内生发展动力。加快促进农民增收。坚持把产业兴旺作为强村富民的基础,鼓励发展桑蚕、"两茶一鱼"、芦笋等特色产业,形成"一村一品",为农民提供就地就业岗位,不断拓宽增收的途径,带动低收入群体的增收。

二、打造"千年银杏"文化图腾,树立文明乡风

彰显人文乡村内涵,打造文化兴盛、精神富足的文明图景。未来乡村既要有美丽宜居的村容村貌,更要有昂扬向上的精神风貌、乡愁可寄的人文气息,这是未来乡村的魂。用好农村文化礼堂,推进移风易俗,让社会主义核心价值观在乡村生根。保护好古村落、古民居、古树名木等乡土遗存,传承好守望相助、敦亲睦邻、克勤克俭、耕读传家等乡土基因,延续好二十四节气等农耕文化,让中华民族文脉永续。丰富文化供给,开设农民学校、老年学堂,让终身学习成为未来乡村新时尚。①

---

① 未来乡村如何建设? 看浙江"千万工程"再出发,打造共同富裕现代化基本单元金名片[EB/OL].(2022-05-06)[2023-03-07].https://baijiahao.baidu.com/s? id=1733858909937864000&wfr=spider&for=pc

1. 打造"千年银杏"文化图腾,树文明乡风

时任浙江省委书记习近平在金星村考察时,曾经说道:"这棵树是我们村里的宝贝、象征,我们一定要保护好,不仅仅要保护好这棵古树,而且要保护好这一片的青山绿水。"千年银杏是金星村的象征,见证了金星村千年变迁,成为金星村的文化图腾。未来,金星村可以围绕"千年银杏"这一文化图腾,以文惠民,增强文化凝聚力。金星村将孝善和俭、环境保护、信用积分兑换等纳入村规民约修订范畴,推行"好地方十条新风",创新"礼遇金星"礼仪实践模式。围绕"千年银杏"主题,举办丰富多彩的系列文化主题活动,丰富农村文化生活,实现村民精神共富;做好历史文化遗存有效保护,乡村优秀文化全面传承,地域特色文化充分展示,乡村文化产业蓬勃发展。

2. 以文兴业,探索共富新路径

启动"千年银杏"主题活动,以文兴业,探索共富新路径。以银杏主题公园为基础,大力建设美丽乡村旅游景区,以美丽乡村、生态田园为依托,建设乡村休闲体验产业延伸链,积极培育农旅融合新模式,引领乡村旅游新风尚。通过民谣音乐会、樟树下市集、户外生活家和网红打卡等特色主题活动,吸引游客带动景区餐饮、文旅产品的热销,同时吸收周边富余劳动力,打造富民工程,助推"乡村旅游"提质升级,实现本村生态美、产业兴、百姓乐。让老百姓切实感受到绿水青山就是金山银山,让美丽乡村焕发"美丽经济"新活力。

3. 传承"千年银杏"文化基因,增强乡贤文化凝聚力

凝聚乡贤力量,发挥乡贤作用,对促进乡土文脉传承、推进乡村治理现代化、实现乡村振兴有着非常重要的意义。积极培育乡贤工作室和乡贤项目,发挥人才回归、技术回乡、资金回流的"聚合效应"。设立"千年银杏"乡贤馆,讲乡贤奋斗故事、讲乡贤奉献精神、讲乡贤家国情怀,厚植乡贤文化,形成了学乡贤、颂乡贤、做乡贤的鲜明导向,助力人才回归、产业兴旺。

三、发挥"文化礼堂"阵地作用,打造文化兴盛的文明图景

农村文化礼堂是弘扬文明乡风、推动乡村振兴的重要阵地,通过多年建设,已成为新时代文明实践工作基层主阵地,是浙江省的优势品牌。在开化,各具特色的农村文化礼堂,如同绽放在乡野的一簇簇花朵,吐露芬芳;又像是流淌在乡间的甘泉,滋润着农村老百姓精神文化的家园。金星村不仅要"建

好"，更要"用活"文化礼堂，不断提升村民获得感、幸福感，让文化礼堂成为展示新时代农民群众昂扬向上的精神风貌的平台。

积极开展文明村、文明家庭、身边好人等选树活动，积极参与"衢州有礼"品牌培育。全面提升农村文化礼堂，配置新时代文明实践站、乡贤馆、百姓戏台等，推动县级图书馆、文化馆在乡村设立服务点。建好乡村文艺传承队伍，培育好乡村文化产业，打响"我们的村晚""我们的村歌""我们的村运"等乡村文化品牌。推进历史文化（传统）村落和二十四节气等农耕文化保护利用。鼓励高校、艺术团体在乡村设立实践基地。高水平建设等级幼儿园、义务教育标准化学校。依托乡镇成人学校（社区学校）建设农民学校、老年学校（学堂）、家长学校等。目前金星村有二胡队、书法队、排舞队、太极队、观赏石队等文艺队伍。

本章小结

金星村坚持党的领导，以一张蓝图绘到底和一任接着一任干的精气神，积小胜为大胜，锻造金星加快推动共同富裕的能力。形成了乡村共同富裕创新发展的特色与经验。主要包括：党建统领，助推共同富裕；数字赋能，催生共同富裕发展新动能；打通"两山"的双向转化通道，发展绿色生态农业促动共同富裕；文化振兴，谱写共富新篇章。

思考题

1. 金星村如何通过党建引领共富裕建设？有什么借鉴意义？

2. 乡村数字化转型可以从哪些方面发力，为共同富裕发展赋能？

3. 金星村是如何打通"两山"双向转化通道的？浙江乡村该如何发挥绿色生态资源优势？

拓展阅读

1. 中共浙江省委党校.共同富裕浙江先行案例[M].杭州：浙江人民出版社，2022.

2. 中共浙江省委党校.共同富裕看浙江[M].杭州：浙江人民出版社，2021.

"治国之道，富民为始。"我们始终坚定人民立场，强调消除贫困、改善民生、实现共同富裕是社会主义的本质要求，是我们党坚持全心全意为人民服务根本宗旨的重要体现，是党和政府的重大责任。

　　——摘自习近平总书记在全国脱贫攻坚总结表彰大会上的讲话（2021 年 2 月 25 日），《人民日报》2021 年 2 月 25 日

第五章　"金星"到"群星"：金星村共同富裕的示范效应

本章要点

1. 金星村共同富裕的实践产生了巨大的示范效应，从"金星村"的一枝独秀到周边各村的百花齐放，金星村对周边村落的影响经历了从辐射带动到抱团发展的过程。如今，共富联盟的建立是金星村与周边村落抱团发展的重要途径，也是开化县打造共同富裕示范区先行地的重要创新。

2. 开化县聚焦打造具有辨识度的共同富裕标志性成果，围绕乡村产业主线，从县域、镇域、村域三个层面，初步构建起包括三大山海联盟、四大片区联盟、五大村社联盟、五大产业联盟在内的"3455"区域联盟体系，加快推动区域协调发展，为实现共同富裕注入强大增量。

3. 金星村聚焦"3455"区域联盟体系，以组建"大金星"共富联盟为抓手，同时在乡镇层面系统谋划实施南部共富联盟，积极探索党组织引领下先富带后富，致力走出一条村强带动民富的特色路径。

2021年5月20日，中共中央、国务院印发《关于支持浙江高质量发展建设共同富裕示范区的意见》，这是以习近平同志为核心的党中央作出的一项重大决策。2021年6月10日至11日，浙江省委十四届九次全体（扩大）会议在杭州举行，系统研究部署高质量发展建设共同富裕示范区。会议审议并原则通过《浙江高质量发展建设共同富裕示范区实施方案（2021—2025年）》，强调要坚决扛起政治责任，为全国实现共同富裕先行探路。浙江高质量发展建设共同富裕示范区是浙江建设的一个重要目标，聚焦此目标，开化县围绕乡村产业主线，从县域、镇域、村域三个层面，初步构建起包括三大山海联盟、四大片区联盟、五大村社联盟、五大产业联盟在内的"3455"区域联盟体系,加快推动区域协调发展,为实现共同富裕注入强大增量。

第一节 星星之火,可以燎原

共同富裕是一场缩小地区差距、城乡差距、收入差距为标志的社会变革。金星村作为全面小康建设示范村、中国美丽休闲乡村等共同富裕的先进样本,不仅在全村实现共同富裕的道路上奋力拼搏,而且在带动周边村落实现共同富裕的道路上起到了很好的示范和辐射作用。

一、金星村共同富裕辐射效应

"一枝独秀不是春,百花齐放春满园",金星村紧紧围绕县委高质量发展建设国家公园城市共同富裕先行地战略目标,聚焦"3455"区域联盟体系,积极探索党组织引领下先富带后富,致力走出一条村强带动民富的特色路径,并在此路径的辐射带动下,金星村周边村落的共同富裕发展也逐渐进入了百花齐放的局面。例如,华民村围绕美丽乡村建设,因地制宜、整合资源、精准消薄,通过以新村建设带动老村改造,盘活华民村存量资产,推动产业发展,使华民村从欠债 100 多万的"落后村"发展成为村集体资产达 3000 多万元,年经营性收入达 50.75 万元的"前进村"。下溪村大力发展农业和利用五洲城建材市场和村区域地理优势,开发村产业用房,主要包括出租店面、仓库、乡贤公寓等多种渠道,来增加农民收入,增强村集体收入,促进农民增收,同时提升了村风村貌,使下溪村成为县级 2A 景区村,荣获浙江省全面小康示范村、浙江省卫生村、浙江省美丽乡村特色精品村等荣誉称号。华东村以经营茗茶和从事建筑业为主,艺术盆栽产业风生水起,实现了村强民富,至 2016 年,华东村先后获得"浙江省第二批全面小康示范村"、"市级生态示范村"、省、市"文化特色村"等称号。2013 年建成了首批文化礼堂,还开设了老年活动中心、农民图书室和老年门球场,为农村精神文明建设奠定物质基础。

金星村共同富裕辐射效应的表现:首先是空间溢出效应。通常空间溢出效应主要是通过两种间接空间溢出路径对其他地区产生影响。一是先富地区消费市场对其他地区产出市场产生空间影响。消费和产出之间的依存关系表明,消费是生产的目的和动力,产出是消费的基础和前提。考虑到先富地区消费增加必然会引起产品需求上升，从而其他地区通过"生产—收入—消费"的过程首先增加相关商品的生产并促进该地区就业，进一步通过分配过程增加其他地区劳动力收入，最终促进其他地区消费增长。二是先富地区消费市场对其他地区金融市场产生了一定的空间影响。由于先富地区消费增长引致的金融需求增加将对其他地区数字普惠金融市场产生空间影响，而其他地区数字普惠金融市场的变化将最终作用到本地区的消费，因此数字普惠金融将在先富带动后富的过程中发挥重要作用。

其次，金星村共同富裕辐射效应还体现在同群效应上。"同群效应"就是中国古语中所谓"近朱者赤，近墨者黑"的意思。它指的是这样一种现象：一个人的行为不仅受到价格、收入等个体自身经济利益的激励影响，同时也会受到他周围的与他相同地位的其他人影响。同样，当一个地区也会受到周边区域的发展影响。金星村周边的几个村庄，诸如前面所说的华东村、华民村以及下溪村，近年来都在物质富裕和精神富裕取得了良好的发展，都不仅增加了自己的村集体收入，还建立了自己的文化礼堂等文化家园。如：华民村两委自筹资金 200 万元收购村民土地 35 亩，建造"商住一体"公寓楼及双联排屋，打造华民新村，通过住房安置，华民新村为村集体增收 180 万元。通过店铺出租，每年为村集体增收经营性收入 35 万元；通过公寓房出租，每年为村集体增收经营性收入 12 万元。下溪村利用丰富的旅游资源，现已建成茶叶体验园、木槿花体验园以及农趣体验园等三大体验园，为发展旅游产业打下了扎实基础。

此外，金星村共同富裕辐射效应除了经济效应外，还具有社会效应。经济效应主要是指共同富裕能促进经济增长，而社会效应则主要表现其他地区为共同富裕能缩小收入差距，增加其他地区人民的获得感与幸福感，进而促进社会和谐与稳定。如华东村在历届村两委的大力支持和行动下，不忘先祖家训家规，依托文化礼堂，举办各类文明项目活动，继承和弘扬先祖留下的非物质文化遗产，先后挖掘和整理了目连戏、睦剧等小戏，还将八仙拳、花棍舞及扇子舞化为表演节目，常年为在文化礼堂举办的村民喜事助兴。2022 年趁着作为华埠文明传习站的契机，在专业辅导和培训后，形成村里的保留项目，以文化走亲形式，参加了"清风华埠"文明传习片区巡演，获得好评，也给其他村的文明实践活动开展提供了宝贵经验。现在全村共有文艺队伍 6 支，并常年在文化礼堂和文化广场开展活动。

二、从辐射带动到抱团发展

世界各国的经济发展史证明没有任何一个地区可以单独发展成为经济独强的地区,都是以各种形式的组合,互利互惠、互通有无,形成经济发展的共同体。金星村作为村一级共同富裕的基本单元,在共同富裕的实现过程中不可避免地面临着诸如规模较小、布局散乱、服务功能不强、治理成本高等问题,因此,在区域共同发展的道路上需要从单向的辐射带动转向抱团发展,即:在特点相似地域相近的片区实施资源优化组合、思路共谋共享,实现合作共赢,促进城乡融合高质量示范发展,迈向共同富裕。

区域抱团发展的类型按地理空间位置可以分为两大类:一类是相邻地理区域之间的抱团发展;一类是非邻近区域之间的抱团发展,如我国的对口援疆、浙江的山海合作等。对于第一类的抱团发展,由于地域空间相近,其历史文化、传统习俗等相似,多容易形成更密切的经济发展共同体和联盟组合体等;对于第二类的抱团发由于地理位置间隔,多依赖于产业、市场、公共服务等资源要素的共建等。

在相邻村域共同富裕抱团发展过程中,要克服规模较小、布局散乱、服务功能不强、治理成本高等问题的束缚,实现区域内资源共享和均衡发展,必须找到不同村之间的利益共同点,推进共同富裕抱团发展的体制机制创新。只有实现相邻村域之间的良性互动和有效协作,才能更好地强化相邻村域之间信息沟通、经济交流和社会发展,实现相邻村域的互惠互利,共同发展。为此,开化县以打造共同富裕先行地为实践路径,紧盯短板弱项,采用超常规措施来推动跨越式发展,创新探索"共富联盟"这一载体抓手,推动县域整体发展、转型升级。

三、共富联盟实现共同富裕

所谓共富联盟,是开化县按照"区域一体、示范带动、联合联动"的发展思路,突出"片区打造、主体多元、要素统筹、组团发展"原则,以"党建联盟＋利益联盟"为基础,形成"先富带后富、先富帮后富"机制,推动发展共谋、事务共商、资源共享、平台共创、品牌共塑、产业共兴、项目共建、治理共融,迭代升级为"共富联盟",最终实现"共兴共荣、共富共强"。通过共富联盟的建立,可以起到以下作用:

第一，跨区域的共富联盟可以加强山海协作均衡互助，实现优势资源互补，加强产业发展互惠。如开化县与杭州市上城区签订深化山海协作建设共富联盟暨助力浙江省委"一县一策"落地协议，两地相关部门签订"幸福牵手联盟""教育共进联盟""产业共促联盟"等五方面合作协议，促进了两地在未来乡村建设、农旅资源共享等方面的均衡发展。开化县与嘉兴市桐乡市合作共建全省首个以生态文化旅游为主题的山海协作产业园，与绍兴市滨海新区共建开化—绍兴滨海新区"飞地"产业园，通过利用两地各自产业发展的优势，实现了两地资源互补，促进了两地产业发展。

第二，通过片区联盟的建立实现组团合力，扬优势、强激励，构建中心镇产业平台集群发展新格局。如华埠镇招商引资项目受到土地资源等因素制约后，主动将项目资源信息共享给联盟体内的杨林镇，帮助其成功签约总投资约5亿元的中国蓝龙虾生物育种全球种质中心项目。

第三，通过村级共富联盟实现区域抱团发展。一是共富联盟可以联合壮产业。如共同联盟通过"十个一"的工作体系，实现联盟内产业发展模式和发展方向的统一。二是共富联盟可以联合造景区。如金星村发挥党建品牌辐射带动作用，整合毗邻的华东村和下溪村旅游资源，联动发展党建研学和生态旅游，形成了"学在金星村、游在花牵谷"旅游新格局。2021年国庆期间，仅旅游研学产业就带动3个村集体经济增收40余万元。三是共富联盟可以联合强品牌。如泛下淤联盟将区域内"霞洲有礼"品牌以入股或授权方式，提供给联盟区域内的芹阳办事处密赛村、桃溪村使用，扩大了"霞洲有礼"品牌影响力，也为联盟村带来丰厚收入。2021年1—9月，"霞洲有礼"品牌销售额达80余万元，联盟村平均获分红7万元。

第四，通过产业共富联盟可以内挖潜力，实现"产业集聚、要素流通、分工协作"。一是实现产业共生。如红高粱联盟，大溪边乡将受发展空间限制而无法再扩大规模的高粱产业向联盟北部乡镇主推，以高于市场价40%的收购价激发联盟乡镇承接产业的积极性。目前，已有20个村种植红高粱4500余亩，预计可带动高粱酒、高粱游等周边产业增收850万元。二是实现项目共建。如中蜂联盟，依托9个养殖基础好的乡镇，共同建设国家公园中蜂产业园、蜜粉源重点种植区、中蜂种质资源保护区以及七个特色蜜蜂产业示范基地，聚力打造开化土蜂蜜地理标志产品。三是实现强链补链。如龙顶茶联盟，通过政策引导、科技支撑、主体培育和品牌引领，构建起包括351家家庭农场和茶叶企业、483家加工厂、75家商户、4家外贸茶企在内的全产业链联盟，进一步推进茶产业生态化、标准化、品牌化发展,为富民强县打下坚实产业基础。

第二节 共富联盟推动跨越式发展

共同富裕是一场缩小地区差距、城乡差距、收入差距为标志的社会变革。开化作为全省 26 个加快发展县之一,是全省建设共同富裕示范区的重点和难点所在,要与发达地区同步实现共同富裕,必须敢于打破常规,勇于先行探索,以缩小"三大差距"为主攻方向,推动政策、规则、制度和组织体系变革重塑。在探索共同富裕的道路上,开化县委、县政府先行先试,创新探索"共富联盟",推动区域一体、统筹发展要素、优化工作力量,初步构建了"3455"区域共富联盟体系。

一、共富联盟体系的组成体系

1. 共富联盟的总体架构

共富联盟是按照区域联盟+产业联盟的组成架构,其中:区域联盟以地域区划为原则,分县域、镇域、村域三个层面,有效解决区域发展不平衡、要素资源不集约的问题,推动共富联盟参与主体的共同发展;产业联盟以乡村产业为纽带,有效解决各乡镇村、市场主体单打独斗、同质竞争的问题,推动资源要素互补整合,更好地实现产业链分工协作。

2. "3455"区域共富联盟体系构成

首先,所谓"3"就是以山海协作为基础建立与杭州上城、嘉兴桐乡、绍兴滨海新区三大协作型"山海共富联盟"。主动对接省级六大新区、15 个高能级产业平台和山海协作对口县市,一方面,以两新产业园为核心,打造 3 平方公里以先进制造业为主的"产业飞地",导入优质项目;另一方面,持续深化滨海新区产业飞地、青山湖科技城科创飞地、桐乡濮院消薄飞地[①]建设,不断丰富拓

---

① 《浙江省数字经济发展"十四五"规划》中指出,深化山海协作,谋划建设一批产业飞地、科创飞地和消薄飞地,推动资源要素跨区域流通,助力山区、海岛跨越式发展。其中"消薄飞地"是指由集体经济薄弱村集中资金、土地等资源配置到结对发达地区,依托成熟的开发区、园区,联合建设可持续发展项目并取得固定收益。

展迭代协作内容内涵、载体方式，共同打造"科创飞地＋产业飞地＋消薄飞地＋旅游飞地"的"双向飞地"模式。加快在建项目进度，积极谋划新的山海协作产业项目，持续导入合作项目，构建项目共赢、产业共赢协作模型。健全完善山海协作共建机制，形成可复制、可推广的经验模式。

其次，"4"就是以区位相邻、功能相近为原则建立四大"片区联盟"。按照"体制不变机制变"原则，对15个乡镇（办事处）进行统筹，组建4个区域发展联盟。其中东部联盟涵盖芹阳办事处、音坑乡、林山乡、中村乡；南部联盟涵盖华埠镇、桐村镇、杨林镇；西部联盟涵盖池淮镇、苏庄镇、长虹乡；北部联盟涵盖马金镇、村头镇、齐溪镇、何田乡、大溪边乡。其中：东部联盟突出城市旅游和城郊旅游，南部联盟突出工业发展和现代物流，西部联盟突出小微企业和现代农业，北部联盟突出乡村旅游和现代农业，每一个片区联盟都要聚焦本地产业发展方向。

最后，第一个"5"就是以"地缘相近、人缘相亲、业缘相似"为原则建立泛下淤联盟、大金星联盟、新青阳联盟、南华山联盟、高合联盟五大"村级联盟"。第二个"5"就是以产业集聚、要素流通、产业链分工协作为原则建立龙顶茶联盟、清水鱼联盟、钱江源星宿（民宿）联盟、红高粱联盟、中蜂联盟五大"产业联盟"。

产业共富联盟主要围绕县域比较成熟的农业产业来构建联盟，不受区域位置限制，以政府为主导、协会为支撑，通过资源共享、平台共建、品牌共塑，集中力量招大引强、做大做强，尤其在钱江源区域品牌下打造形成更精、更特色、更有吸引力的联盟子品牌，通过政府引导、政策扶持，加快产业链拓展分工协作，构架中心乡镇产业集群、同盟乡镇产业上下游布局分工的发展格局，最终达到产业共兴。其中：①龙顶茶联盟，涵盖家庭农场、茶叶企业等351家（含15家龙头企业，其中省级3家、市级8家）、483家加工厂、销商户75家、4家外贸茶企。重点以科技支撑、主体培育和品牌引领，加快推进茶叶一二三产融合、全产业链建设，构建生态化、标准化、品牌化产业体系，构建龙顶绿、开门红，红绿双色交融产业发展格局。②清水鱼联盟，涵盖4800多户养殖户、9家清水鱼配送（展示）中心，集中力量打造何田、齐溪、长虹等三大产业核心带，推动企业带群众、市场带产业、先进带后进，形成各主体联动发展良好格局。③钱江源星宿（民宿）联盟，以15家高等级民宿为核心，建立有偿加盟制，违规退出制，支持鼓励全县旅行社、星级宾馆、中小民宿、特色饭店、农家乐等加入产业链，推进行业标准规范化，推动共享营销品牌、共享营销平台、共享客源数据、共享营销团队，做到了资源充分利用，相互抱团取暖、不断发展壮大。④红高粱联盟。将大溪边乡受发展空间限制规模无法扩大的高粱产业在北部联盟主推,通过农业特色产业捆绑考核激发该乡推广指导同盟乡镇发展高粱产业的主动性,通过高于市场价40%的收购价格激发同盟乡镇承接的积极性。目前,已在北部联盟的20个村种植红高粱4500余亩,预计可带动高粱酒、高粱游等周边产业增收750万元。⑤中蜂联盟,涵盖中蜂养殖场户3800个,重点在苏庄、中村、长虹、齐溪、何田、村头、林山、华埠、杨林9个蜜粉源植物丰富,中蜂养殖基础好的乡镇因地制宜建成"一园二区七基地",即一个全域性的国家公园中蜂产业园,蜜粉源重点种植区和中蜂种质资源保护区,七个特色蜜蜂产业示范基地(蜂旅融合示范基地、蜜蜂养殖教学实验基地、蜜蜂授粉示范基地、蜜蜂标准化养殖示范基地、中蜂活框养殖示范基地、蜜蜂繁育示范基地、巢蜜生产示范基地等)。聚力打造开化土蜂区域性公共品牌,打造开化土蜂蜜为地理标志产品。

二、共富联盟的运行机制

"片区联盟"实施"联席会议＋召集人＋轮值主席"制度,设立联盟联席会议制,县四套班子主要领导分别领衔挂联四大片区,担任召集人,负责召开季度联席会议,各联盟乡镇主要领导担任轮值主席,负责联盟区域内各项具体事务,乡镇班子成员和村委书记、部分乡贤、相关部门主要领导为联席会议成员。

"村级联盟"实施"十个一"工作体系,主要包括以下内容:①一个联合党委。组建联盟党委,负责领导村级联盟区域范围内村级党组织,通过党建引领、抱团发展,打破行政区划界限,合力推进乡村振兴发展。联盟党委书记,由乡镇主要领导兼任,常务副书记由各联盟村书记轮流兼任,执行书记可固定一名能力强、资历高的党员干部担任,联盟村村支委、组团联村的乡镇部门干部兼任党委委员。②一个挂联领导。明确"一名县党政班子＋一名乡镇主要领导"牵头负责。③一份总体规划。在深入调研、征集民意、专家论证基础上,按近期、中期、长期三个阶段,形成《村级联盟发展规划》,报县委县政府批准发布,同时根据发展需要编制落实村庄建设、产业振兴等专项规划。④一个主导产业,立足联盟的资源禀赋,布局打造一个主导产业,比如泛下淤联盟的乡村旅游、大金星联盟的党建培训等,同时大力培育一批当地有基础、村民参与度高、增收见效快的特色产业。⑤一个主打品牌,对联盟统一品牌策划和形象设计,制定联盟区域特色品牌相关标准,作为钱江源区域品牌下的子品牌,比如音坑乡的霞洲有礼、华埠镇的田园牧歌。并以品牌入股或授权方式,提供给联盟区域各市场主体或个人使用,从而实现品牌价值转化、品牌使用权共享。⑥一份任务清单,按照规划列出一份年度任务清单。明确一系列联盟振兴发展指标。⑦一个强村公司,充分发挥市场主体参与乡村振兴发展的积极性和重要作用,在联盟党委领导下,吸纳联盟区域范围内农工商企业、村经济合作社、乡村民宿和文创企业等市场主体及若干乡贤,按照资产入股、资金入股的方式围绕联盟体组建一个强村公司,由县五大国资公司分别牵头负责运营,通过资源输出、信息互通、共闯市场,实现政府、村社、群众和市场的联动发展。⑧一套工作机制,建立"例会+轮值主席+考核推进"工作运行机制,建立"政府+企业+村民"的利益联结共富机制,建立"党建统领+四治融合"的优化共治共享机制,建立"产业+项目+资金+人才"的要素集聚机制。⑨一个邻里中心,坚持未来乡村理念,以"共享"为主线,突出"邻里+文化"场景打造,每个联盟建立一个邻里中心,配套学校、医院、药店、商场、公园、银行、公交车站、停车场、酒店、公厕等公共设施,布局一批便民微产业,建立全区域覆盖、多要素融合的"联盟智慧治理平台",推动实现群众办事"就近跑一次"、基层治理"智慧一点通"。⑩一套政策体系。研究出台系列政策支持共富联盟,尤其根据区域内资源禀赋、产业基础,制定发展扶持政策,因地制宜引导老百姓差异化发展特色经济,推动联盟常态化、规范化运营。

组建共富联盟实施两大"一对一共富工程":①实施"强带弱"工程,联盟构架下,实行"一对一"帮扶,选取班子强、产业强的"强村",通过支部联建、党员联带、产业联兴、考核联评等方式,结对帮扶班子战斗力弱、集体消薄增收难、民生事务管理弱的"弱村"推进乡村振兴。②实施"高带低"工程,建立先富群体自愿帮扶困难户数据库,形成先富群体结对帮扶低收入农户机制,实施产业、项目、技术等帮扶行动,带动低收入群体增收。

共富联盟实施"1(方阵分类)+1(片区联盟)+X(协同发展)"的考核方法,即在乡镇层面进行考核,按照所属的联盟类型和所在的联盟片区进行考核。在产业发展、农民增收等领域突出联动考核导向,联盟内优势乡镇带动其他乡镇发展的,给予相应考核加分。

三、共富联盟的成效

首先,通过建立共富联盟进一步完善共富体系。一是完善共富组织体系。开化县建立了县委社建委日常工作运行机制,共同富裕"1+1+10+15"共富运行机制,全县15个乡镇(芹阳办)挂牌成立社会建设办公室,形成"1个县委社建委＋1个共富专班＋10个专项小组＋15个社建办"的组织体系。二是制定共富工作体系。开化县印发实施《开化县2022年高质量发展建设共同富裕先行地工作要点》及"五张清单",其中目标指标清单64项、重点工作清单34项、突破性抓手清单35项、标志性成果清单10项、重大改革清单41项等,明确每项工作责任单位、完成时间,同时建立共同富裕产业发展举措,建立县领导联系产业制度,清单化、闭环化推进共同富裕工作。

其次,通过组建共富联盟增强了共富动力动能。一是加快产业发展。开化县建立了县领导联系产业制度,每周碰头、双周推进、月度督导,着力推动特色优势产业做大做强。截至2022年4月底,开化县有机硅、糖醇主导产业已达21.52亿元,完成年度目标值的43％;仅2022年一季度开化县规上工业增加值增速达25.3％,位居山区26县第一。二是加大项目投资。通过共富联盟推动了开化县项目投资签约活动的开展,加紧招大引强。仅2021年,8个项目参加全市重大项目集中签约活动,总投资70亿元。全县在谈12个项目,协议投资额3.15亿元。三是加速"一县一策"效应释放。在共富联盟建立的基础上,开化县已授权"钱江源"品牌主体17家,其中生产主体14家,营销主体3家。开设品牌馆6家,餐厅1家。

再次,通过共富联盟联动加快共富改革创新。一是加快形成联盟效应。通过山海联盟,开化县有6个乡镇签订结对协议,13所学校签订跨地区教育共同体建设协议;通过村级联盟,成立了泛下淤共富联盟"音"联同润集体经济发展有限公司;通过产业联盟方面,中蜂产业联盟的帮促项目通过了乡村振兴综合试点评审。二是有序推进"扩中""提低"。开化县制定了"1＋2"方案,即:《开化县"扩中""提低"行动方案(2021—2025)》《开化县城镇居民人均可支配收入争先创优方案》《促进农民和低收入农户持续较快增长推进共同富裕工作清单》。三是加快推广"灵活就业"应用。开化县加快谋划建设的灵活就业数字化应用已累计服务6000余家用工主体和6.4万余名求职者,求职成功3万人次。

最后,共富联盟组建凝集了共富分量氛围。一是赛马比拼。把"共富比拼·争先竞跑"擂台赛作为"六治六提"转变作风的具体抓手,通过比项目、比思路、比成效,进一步树立"争先创优"的干事导向,营造"比拼赶超"的火热氛围。二是共富宣传。开化县共在省市刊物上刊发信息19篇,其中省级刊物8篇,在浙江日报、浙江新闻客户端、衢州日报等媒体播报共计93次。媒体宣传点面开花见实效。2022年5月7日至9日,浙江卫视采访团队深入开化乡村

一线,挖掘共富故事,探寻开化共富经验。9日,"共同富裕在浙江"开启互动直播,开化县委书记夏盛民应邀走进直播间,向广大网友全方位推介了开化的"好山好水好地方",畅享了一幅幅宜居宜业宜游的共富图景,短短一小时全网点击量破百万,掀起互联网热潮。2022年5月9日,《浙江日报》头版"老区新貌"栏目刊发《开化抱团发展红色旅游和清水鱼产业,深山"致富鱼"富了千万家》。2022年5月15日,浙江卫视《浙江新闻联播》头条播出《共同富裕在浙江|护美"钱江源",涌出共富泉》,报道开化县依托"钱江源"区域公用品牌,整合优质农旅资源,以品牌打造提升,带动全县产业发展,助推百姓增收致富,努力打造共同富裕开化样板。

四、共富联盟的创新探索

首先,共富联盟构建了五联的运行机制。一是联席会议机制。建立了联盟"联席会议"制度,做到联盟大事共议、对策共商、难题共解、实事共办。二是联合攻坚机制。联盟成员结合单位职能、村情实际、资源禀赋和比较优势,以"契约化"签约方式,领办联盟攻坚任务,联手共破联盟发展难题,实现了区域融合发展。三是联姻帮带机制。坚持以强带弱、以高带低,建立了联盟导师帮带机制,联盟内优秀党组织书记要与其他党组织书记联姻结对。四是联抓发展机制。统筹资金、资产、资源,整合挖掘潜在优势,联合开发了特色产业,着力打破了发展割据,不断提升产业的规范化、规模化、集成化、现代化程度,共同推动联盟各村集体经济协同发展。五是联动考核机制。坚持"互学互比、互评互促"原则,采取联盟例会集中谈、年底述职相互评等形式,营造各成员党组织和联盟党员比学赶超的良好态势,推动了联盟区域整体性、全方位提升。

其次,共富联盟以党建联盟为引领。一是党建联盟提升了党建工作的整合效率。一方面,通过制度化纵向整合,形成一系列联动整合制度规范,强化党建工作中的规范与制度。同时通过融合示范、目标考核、赋权授权等方式调动联盟内各级党组织的积极性。另一方面,通过组织化纵向整合,构建起统分结合的党组织联盟结构。通过党建联盟的组织牵头,完成联盟内资源整合。二是党建联盟引领可以形成上下联动与横向互动的工作机制。如推动联盟内各成员实现"党建＋产业"的良性发展目标,通过服务联动方式形成结对服务,提升共富联盟的资源整合效果。三是通过党建联盟引领能够提升共富联盟整合效率。可以利用党建联盟的纵向动员整合力量,协同共富联盟内的各基层部门提供相应服务。

再次,数字赋能共富联盟的村级治理。一是推进"数字党建＋服务"。建立了党员联户"赋权增效"机制和线上一站式服务,通过微信群、钉钉群等网络平台为群众办实事办好事,精准推送产业政策、服务咨询,让群众在线下少跑路,畅通服务群众"最后一米"。二是增强"数字＋共治"。通过"互联网＋共富联盟",强化了村民"主人翁"意识,引导群众参与重大政策、民生决策的制定执行,最大程度激发了村民参与乡村建设的积极性。修订完善村规民约,设立信用积分兑换超市,依据信用积分给予志愿服务的一定奖励。同时制定村规民约负面清单,以此来提升全体村民素质。三是强化"互联网＋监管"。通过"浙里党群心连心",建立和制订权力运用的记录平台和具体办法,包括公开形式、公开内容和公开频次等,加强对村两委班子成员的日常管理和动态管理,提高了基层监管的科学化和智能化管理水平。

最后,共富联盟实现了合作机制创新。一是共富联盟增强了各主体的合作动力。共富联盟各合作主体需根据各自的优势特色,共同谋划合作的利益分配等具体事项,制定合作规划、签订合作协议,实现共赢共享。二是共富联盟强化了共享共治。引入第三方对共富联盟中的合作项目收益进行评估,并根据评估结果对共富联盟中的合作主体进行合理分配,保障共富联盟中欠发达方的优先收益分红权,更好实现共同富裕。三是构建了有效的风险分担机制。健全跨区域联盟、片区联盟、村级联盟、产业联盟各自的利益分配机制,在现有的法律框架下,通过共同商议签署具有法律效力的合作协议,明确利益共享及补偿机制、履行模式、违约责任、纠纷解决机制和有效期限等细则,推进长期稳定的合作模式。

第三节　共富联盟的金星实践

在共富联盟的体系框架下,由华埠镇党委牵头,以金星村为核心,结合金溪画廊党建示范带建设,成立"大金星"金色党建共富联盟。并以此为路径促全域共富,按照力量统合、资源整合、功能聚合、体系融合的原则,以党员联培、骨干联育、活动联办、要事联商、工作联推"五联"机制为抓手,深入开展"千企帮千村"、村银结对活动,推动资金、土地等要素资源向联盟集聚,实现公共设施、党建阵地等共建共享。

一、"大金星"金色党建共富联盟的成立

2020 年 6 月,开化县"大金星"金色党建共富联盟以金星村为核心,以两山集团抱团成立的强村公司为支撑,涵盖了华民村、华东村、下溪村等 6 个村级党组织,以及县供销社、开化二院等 X 个县级部门和驻镇部门(镇属企业)党组织,形成"1+1+6+X"模式,充分发挥省委委员郑初一"兴村名师"的作用,努力践行习近平总书记考察该村时提出的"人人有事做,家家有收入"的嘱咐,形成了"先富带后富、先富帮后富"的机制,取得了显著的成效。

"大金星"金色党建共富联盟的宗旨是以推动发展、服务群众、凝聚人心、促进和谐为目标,以金溪画廊党建示范带建设为主线,围绕共同目标、共同需求、共同利益,加强组织共建、党员共管、阵地共享、事务共议、活动共办、工作共促,积极构建"共建、共创、共享、共赢"的区域化党建格局,促进党的各项任务在本地区落实。以习近平新时代中国特色社会主义思想为行动指南,以"党委领导、区域联动、多方参与、共促和谐"为理念,坚持党建引领、组团服务、共建共享,着力构建"六联六共"的党建工作新格局。

二、"大金星"金色党建共富联盟的运行机制

1."大金星"金色党建共富联盟的主要工作制度

"大金星"金色党建共富联盟设书记 1 名,副书记 2 名,办公室主任 1 名,由联盟单位党组织负责人协商推荐,并经华埠镇党委研究确定。其主要工作制度包括:

一是建立联席会议制度,联盟成员单位党组织书记每月召开一次联席会议,重点通报和交流近期工作情况,商讨和推进党建联盟工作事宜。同时,由联盟成员单位每月轮流牵头组织开展共驻共建活动。

二是由联盟书记负责,统筹调度联盟成员单位开展共驻共建活动,制定"党建联盟"活动方案,编制党员活动"菜单",为联盟单位间的党员及骨干开展参观学习、实践体验、结对帮扶、志愿服务等活动提供平台,联盟成员单位活动阵地及服务设施可以共同使用,实现党建资源利用最大化,发挥党建工作政治引领作用。

三是金色党建共富联盟在华埠镇党委的领导下开展工作,对成员单位党组织负有组织、协调和督导职责。

2."大金星"金色党建共富联盟的主要工作内容

第一,组织联合共建。按照"抱团发展、整体提升"原则,依托金溪画廊党建示范带,发挥党建联盟集群效应和郑初一党代表工作室作用,通过共上党课、共同谋划、共做服务等,推动形成"以大带小、以强扶弱、全链合作、多方共赢"的良好局面。

第二,党员联抓共管。按照"关系在支部、活动共参与、奉献多岗位"的方式,实行党员"双重身份""双重活动""双重管理"。建立联盟党员微信群,统一推送相关政策精神、党建动态、党员风采、技能培训等信息,动态发布联盟活动信息。

第三,阵地联用共享。按照"阵地共享、功能集聚、全员开放"原则,整合使用联盟内党群服务中心、乡村振兴讲堂、文化礼堂等活动场所,推动各成员党组织阵地双向开放、统筹使用。

第四,事务联商共议。以"党建联盟联席会议"为议事机构,定期召开联盟例会,及时汇报和交流联盟发展有关事宜,并协商解决相关问题,做到对策共商、大事共议、难题共解、实事共办。

第五,活动联动共办。按照"大型活动一起办、党建活动轮流办、培训活动讲堂办"原则,定期梳理联盟活动服务清单,通过党员群众选、部门结对送、党建联盟定的"三向互动"模式,常态化开展党建联盟活动。

第六,工作联评共促。坚持"互学互比、互评互促"原则,采取联盟例会集中谈、年底述职相互评等形式,营造各成员党组织和联盟党员比学赶超的良好态势,推动基层党建区域性、整体化、全方位提升。

3."大金星"金色党建共富联盟的主要工作机制

第一,联盟制定年度工作计划和长远规划,由联盟办公室负责制定,并经联盟联席会议审议通过后实施。

第二,联盟采取项目申报机制,每季度由联盟成员向办公室申报年度重点工作项目和活动计划,经联盟联席会议审议通过后实施,并由办公室督促成员单位承担各项工作任务的进度,协调各成员单位之间的多方位合作。联盟成员有义务、有责任为其他成员单位做好相互支持、互为推广工作。

第三,联盟建立评价激励机制,联盟办公室要对成员单位履职情况进行综合评定。成员单位党组织要建立健全党组织统一领导、组织部门统筹协调、各级党组织积极参与、各方齐抓共管合力推进的工作格局,将党组织和党员在区域化党建中的表现情况作为考核评议的重要依据。

第四，联盟成员单位要认真贯彻执行民主集中制原则，坚持和完善集体领导和个人分工负责相结合的制度，全体委员要按照分工，认真负责地做好工作。

第五，"大金星"金色党建共富联盟议事规则为"一事一议，紧扣中心；先表态度，再讲道理；就事论事，公正理性；耐心聆听，文明表达；话都说完，才能表决；多数通过，平局再议"。

三、"大金星"金色党建共富联盟的成效

2022年，在"大金星"金色党建共富联盟的示范效应带动下，华埠全镇农民人均可支配收入同比增长12％以上；35个行政村集体经营性收入50万元以上村超50％，实现30万元以上全覆盖，扎实推动共同富裕示范建设取得明显成效。一是加快形成区域合力。结合区位条件，充分发挥南部联盟各乡镇优势，建强资源共建共享平台，争取落地更多的好项目、大项目，实现合作共赢。二是加快壮大村集体经济。在提升"共富联盟"上持续发力，鼓励以自主开发、合资共建、投资入股等方式盘活村集体资产，全面增强村集体经济内生发展动力。三是加快促进农民增收。坚持把产业兴旺作为强村富民的基础，鼓励发展桑蚕、"两茶一鱼"、芦笋等特色产业，形成"一村一品"，为农民提供就地就业岗位，不断拓宽增收途径，带动低收入群体增收。

与此同时，金星村继续做好大金星党建共富联盟的领头羊，统筹各片区均衡发展，努力打造共富联盟的实践样板，持续改善生态环境，奋力打造美丽乡村，大力发展文旅产业，走出了一条具有金星特色的共同富裕之路。一是打造国家级党员培训教育示范基地。金星村在全省率先开办乡村振兴讲堂，开展了党建培训，创新了"专家下堂""百姓上堂""以堂养堂"等为主要内容的"六堂模式"，打造了"银杏树下话党恩""总书记的金星情"等红色教育精品课程，大力发展了会务经济、培训经济，开发红色教育、产业发展、研学教学、乡村旅游、两新党建等特色品牌课程，共同做大培训产业发展。二是打造国家级研学营地。大金星共富联盟通过挖掘文化资源，整合生态环境，加快全域景观化建设，建设研学旅游景观节点，打造了集红色文化、农耕文化、爱国主义教育等于一体的研学教育精品线路。三是打造国家级旅游度假地。与花牵谷景区联动、抱团发展，发展精品民宿、农家乐，做大旅游产业，打造了国家4A级景区，实现了"村＋景"共荣。启动了田园综合体、网红打卡点等创建，并鼓励以老百

姓参与的方式,加快餐饮、美食、文创、运动、娱乐等业态的布置。四是打造农村人居环境整治样板村。主要是通过改善共富联盟相关村基础设施建设,提升整体环境,如精品村项目、整治提升村项目、道路硬化工程、停车场项目、景观节点打造等。

盘点"大金星"金色党建共富联盟的发展过程,主要取得了以下成就:

一是重谋划、明方向,实现项目共生。金星村在乡镇层面系统谋划实施南部共富联盟,突出工业和现代物流发展定位,努力实现资源共享、平台共建。比如,依托华埠镇商贸物流集散地,联盟内部乡镇区位、交通等优势,金星村与国控集团谋划了总投资1.2亿元的浙西农贸批发市场共富项目,带动周边桐村镇、杨林镇的村集体投资入股。在村级层面系统谋划实施新青阳"田园牧歌"共富联盟,并根据联盟的资源优势分析研判,制定相应的发展方案。比如,新青阳片区自然景观丰富,旅游资源优质,联盟以家思牧场为核心,制定新青阳"田园牧歌"综合体实施方案,谋划横山头观景平台、蜜蜂学堂、标准化桑蚕养殖基地等项目。

二是整资源、求合力,实现产业共兴。进一步挖掘联盟内部土地、资金、技术等资源,改变各村产业各自发展的松散局面,组团发力,联合壮大产业。比如,新青阳村山林多、田地少,缺乏广泛的种植区域,适合发展畜牧业和旅游业。联盟村土地资源开发潜力大,适合发展物业经济、产业用房。为充分利用各方有效资源,实现优势互补。联盟村以土地入股,建设产业用房,家思牧场以资金、技术入股,以每年租金20万元租赁产业用房,用于打造"田园牧歌"共富联盟展厅和农副产品加工车间。

三是强优势、带弱势,实现收入共享。针对部分村基础条件滞后、发展后劲不足,探索开展以强带弱,共同致富。比如,金星村研学和党建培训产业一直走在各村前列,又与两山集团合作成立初心培训公司,聚力打造国家级党建培训研学基地。2022年3月,金星村研学业务正式启动,业务将拓展到联盟内其他6个村,带动各村共同增收的同时,也为周边老百姓带来了餐饮、民宿等家门口就业新路径;大郡村资源匮乏,既没有可以形成规模的优势产业,也没有可形成租金收入的集体资产。为带动村集体经济发展,联盟村谋划实施了"400 kW 林光互补光伏发电项目",带动大郡村、新青阳村出资共建,完成后不仅每年发电带来的纯收入可达16万元,实现抱团分红,同时,光伏发电管理及林光互补农业管理还可带动解决富余劳动力30余人的就业问题,有效地促进农民增收。

四、"大金星"金色党建共富联盟的创新

首先，"大金星"金色党建共富联盟建立了以党建联盟推动共同富裕建设的推进机制。一是做好顶层设计。结合当地地方特色，因地制宜探索出乡村党建联盟发展模式。打破地域、领域、条块限制，组建了契约化、互助式、功能型党建联盟，进行体制机制创新。拓展了党建统领村级经济高质量发展、共同富裕的多跨场景应用，形成所有党员、基层党组织百舸争流、争先创优的良好局面，打造出"党建高地"金名片。二是项目化推进。找准党建联盟引领共同富裕建设的重点、难点、关键点，谋划出一批共富项目，主要分为产业培育类、招商引资类、配套服务类、环境提升类，通过强村带动、产业集聚、项目牵引、飞地抱团等联盟组建方式，打造出特色鲜明的乡村党建联盟，形成了一批示范性标志性的成果。三是精准量化考评。通过加快开发乡村党建"智能大脑"——数字考核平台，构建党建联盟工作提示、党建联盟工作通报、党建联盟工作预警、党建联盟工作考评等五大子模块，筛选涵盖富裕指数、干部指数、党建联盟指数等 5 大类考核指标，利用数字化手段自动抓取乡村党建联盟建设完成情况，实现乡村党建联盟建设的"可操作、可量化、可考核、可追溯"。

其次，"大金星"金色党建共富联盟不断完善乡村党建共富联盟的运行机制。一是建立主导产业引领机制。主导产业是党建联盟最重要的支撑，每个党建联盟都需要理出一个主导产业。围绕主导产业，通过龙头企业带动，形成"1＋N"的产业发展模式，延长产业链条，让主导产业成为农民增收致富和助推乡村产业振兴的重要支柱。二是完善利益分配机制。遵循成本与利益一致原则，通过组建成立强村公司，联盟成员按照资源和资金的投入比例，获得一定的股份，确保有事一起干。创新经营模式，探索"社会资本＋村集体＋低收入农户"抱团运营特色发展模式，实现财政资金"精准滴灌"。三是实行结对帮扶机制。通过"大金星"金色党建共富联盟将优势产业向弱村延伸，帮助经济增收；鼓励部分条件较好的农户与本村低收入农户结对帮扶。四是推进资源共享机制。通过"千企帮千村"、村银结对和强村公司等活动，推动资金、土地等要素资源向联盟集聚，实现公共设施、党建阵地等共建共享，避免重复建设。

最后，"大金星"金色党建共富联盟形成了以党建联盟促进乡村多元治理体系。一是构建出更加有效、适应性强的党建联盟治理体系。合理划分党建联盟的治理单元，注重党建联盟治理主体的重组与分工，突出提升党建联盟治理队伍的整体功能。注重党建联盟治理方式的协同与联动，建立具体清晰的

多元主体共同参与党建联盟的分工机制、协作机制和创新机制。二是数字党建赋能村级治理,提升乡村治理精细化、智能化水平。一方面,利用微信、村情分布等媒体平台提升信息传输的互动性与及时性,拓宽民意诉求表达的平台和空间,引导村民积极、有序地表达民意。另一方面,依托"浙里党群心连心"构建实际对话的机制。通过村民说事、百姓参政团等方式构建以党组织为核心,以"说、议、办、评"为主要内容的制度体系,构建村务管理、决策、治理、监督全闭环运行机制,实现治村理事的共商共信、共建共享。三是充分发挥乡村治理中党建联盟的沟通协调作用。精准地识别出乡村民意需求,建立沟通协商渠道,化解基层突出矛盾,提高乡村治理和公共服务的效率。理顺联盟班子、村两委班子、村民自治委员会之间的关系,加大村村联动,形成整体性、合力式、高效化的治理格局。四是深化党建联盟服务功能。一方面,按照"大型活动一起办、党建活动轮流办、专业活动社会办"原则,由联盟牵头单位统筹调度联盟成员单位开展共建活动,制定"党建联盟"活动方案,凝聚党心民心,扩大党建影响力。另一方面,构建"党建链+业务链"融合格局,充分发挥党建联盟成员单位的知识、信息、人才等优势,从而形成其他协调机制不可能完成的整合任务。

【案例 5-1】泛下淤共富联盟

泛下淤共富联盟以下淤未来乡村为核心,按照地缘相邻、文化相近、产业互补原则,以下淤村为核心,由"1+7"行政村(即下淤+密赛、城畈、音铿、儒山、姚家、明廉、底本)组建形成。泛下淤共富联盟把发展艺术乡村旅游主导产业作为共同富裕建设主引擎,坚持破旧立新、联动发展,优化体制机制和投资结构,实现下淤区域联动发展、互利共赢。首先,泛下淤共富联盟制定了"三百目标",即:到"十四五"末实现年均旅游人次增加100%,人均年收入增加100%,村集体平均收入增加100%。其次,"泛下淤"共富联盟制定了"6个一"的主要工作内容。即:做亮一条旅游线路、创建一批研学基地、组建一个吃货联盟、做强一家富民公司、打造一个艺创园区、打响一个区域品牌。

案例简析:

盘点泛下淤共富联盟建立的成功经验主要在于两个方面:第一,在成立之初就构建了完善的共富联盟保障体系,主要包括三大共富机制。一是实施两大"一对一共富工程"。实施"强带弱"工程和实施"高带低"工程,发布"泛下淤共富联盟宣言",实施"4+1"和"2+1"帮扶机制。"4+1"即企业、强村、结对部门、山海协作单位等 4 家单位结对 1 个弱村。"2＋1"即乡镇部门机关干部、先富群体等 2 类群体结对帮扶 1 个低收入农户。二是实施"入股联营、合作发展"乡村经营机制。创新"入股联营"模式，探索"合作发展"方式，聘请职业经理人负责域内农产品整合开发、销售渠道建立、资源开发利用和品牌宣传推介等活动，不断发展壮大强村公司，增强村属企业盈利水平。三是实施数字赋能共富机制。实施泛下淤共富联盟综合集成改革项目，制定数字系统运行计划，由专班人员＋党委政府工作人员＋数字化公司技术人员负责推进数字化改革"三张清单"落地应用和乐活下淤系统运行以及维护。第二，"泛下淤"共富联盟建立了相应的评价体系。"泛下淤"共富联盟建设的成效必须由商户说了算、农户说了算、第三方说了算。形成政府主导、百姓参与、第三方评估的局面，为更多形式的共富联盟提供样本。比如，引入第三方评估公司，以共富联盟评价指标体系为基础融入音坑乡特色指标，逐年评估，及时纠偏。引入百姓共富感指数。从家庭收入增长速度、邻里和谐程度、区域自豪感、百姓入股意愿等，全面考察共富联盟的建设成果。

【案例 5-2】红高粱共富联盟

红高粱共富联盟以上安村为中心，以红高粱产业为主导，通过发展共谋、事务共商、资源共享、平台共创、品牌共塑、产业共兴、项目共建、治理共融等系列举措，打造"先富带后富、先富帮后富"的发展格局。红高粱共富联盟理事会由大溪边乡党委书记任理事会联盟长，上安村党支部书记余雄富任理事会理事长，阳坑村、阳坑口村、大溪边村、墩南村、上安村、月岭村、公淤村、大桥头村、黄谷村、下湾村、方田村、茂新村等 12 个村党支部书记任理事会理事，理事会负责联盟内各项工作的统筹、协调、督查、落实，各村党支部根据属地管理要求配合联盟理事会各项工作，议事主要以成员单位联席会议的形式开展，议事规则主要按照"支部会商、片区会诊、联盟会决"的流程进行。

红高粱共富联盟由六大主体构成：一是村级主体，由大溪边乡 12 个行政村及县内外与大溪边乡相邻的红高粱规模种植行政村组成，主要负责红高粱产品种植以及新品种、新技术的使用推广，保证红高粱种植规模达到一定比例，每年至少新增 100 亩；二是企业主体，由县两山集团、开化六都集体经济发展有限公司、开化县红高粱创服中心有限公司、浙江开化云瑞劳务分包有限公司、种植大户、酿酒大户、经销大户等组成，其中县两山集团、开化六都集体经济发展有限公司主要负责红高粱酒及其深加工产品的市场推广和培育；种植

红高粱共富联盟上安村党建共富基地图

大户、酿酒大户、经销大户主要负责红高粱的生产及高粱酒的加工；浙江开化云瑞劳务分包有限公司主要负责红高粱产业的劳动力协调及保障；开化县红高粱创服中心有限公司主要负责指导红高粱种植、加工和市场营销。三是技术支撑主体，由浙江省农业科学院、省市县各级农业技术推广中心等农业科研机构组成，主要负责红高粱新品种、新技术的引进和病虫害的防治，确保红高粱亩均产量逐年提高。四是金融保障主体，由建设银行、农商银行等金融机构组成，主要负责为各成员单位提供融资配套、农村支付服务等金融扶持；五是组团服务主体，主要由县政协、县政府的领导、县共同富裕专班、县农业农村局、县自然和规划局、县市场监管局等有关单位组成，主要负责做好红高粱共富联盟的政策协调、指导和服务保障。六是乡贤主体，由优秀域外乡贤组成，主要负责调研红高粱制品的外围市场需求，做好精准对接和宣传推荐，帮助引荐新的市场主体入驻大溪边乡。

通过红高粱共富联盟的建立，红高粱共富联盟成为大溪边乡高质量推进共同富裕的突破性抓手和标志性成果，成为全乡实现"共兴共荣、共富共强"的重要路径。

案例简析：

通过系统梳理红高粱共富联盟的建设内容和建设过程，不难发现红高粱共富联盟成熟的运行机制和明确的任务导向成为红高粱共富联盟顺利实施的关键要素。首先，在运行机制上，红高粱共富联盟明确制定了七个运行机制确保联盟的顺利实施。这七个运行机制分别是：定期议事机制、事项决策机制、项目推进机制、利益分配机制、跟踪考核机制、资源共享机制、结对帮扶机制。其次，红高粱共富联盟在成立之初就设定了明确的重点任务，主要包括：科技兴农行动、机械强农行动、产品研发行动、品牌营销行动、数字赋能行动、文化振兴行动、旅游共富行动、民生共享行动、农民增收行动、集体增收行动。这每一项行动任务都有具体的内容且落实到人。上述两个关键要素切实保证了联盟的实质性运行。

【案例5-3】新青阳"田园牧歌"共富联盟

新青阳"田园牧歌"共富联盟以家思牧场为中心，辐射旭日、溪东、联盟、新青阳、大郡等5个村。该共富联盟围绕"田园牧歌、共富联盟"的发展愿景，其主题定位为"归故乡、心清扬"，总体结构为"一带、二环、三区、四点、五特"，即：一带（龙山溪滨水农业观光产业带）、二环（华白、息紫、滨水线构成的旅游小环线）、三个独立景区（荆生坞、泰康、大郡）、四个核心景区村（新青阳、溪东、旭日、联盟）、五大特色农业产业——新青阳（鹿）、联盟（菊）、溪东（蚕）、旭日（蜂）、大郡（杉）。为充分发挥核心项目的带动性，新青阳共富联盟选取目前有一定雏形基础的产业，重点建设好家思牧场、溪东桑蚕产业园、旭日蜜蜂产业走廊、龙山古郡康体养生文化体验园等4个核心项目，以及游客服务中心、十里青阳街、移民文化园、龙山溪院等20个支撑项目，力图将其打造为融生态农业、乡村文旅和休闲度假为一体的田园综合体。

案例简析：

盘点新青阳"田园牧歌"共富联盟的特色主要有以下几点：一是联盟领导小组涵盖各村级党组织。新青阳共富联盟以家思牧场为中心，涵盖新青阳村、联盟村、溪东村、旭日村、大郡村等5个村级党组织，形成"1＋5"模式，成立了由开化县委常委、华埠镇党委书记李剑峰担任组长，党委副书记、镇长汪志鹏任常务副组长的领导小组，领导小组成员由共富联盟所在村村支书组成。二是明确了重点任务。联盟在成立之初就明确了包括建立总体规划、做强主导产业、增强百姓参与和完善保障体系在内的重点任务。同时联盟也确定了联盟内的各村内重点建设项目。三是坚守联盟的联合运行机制。主要有联席会议机制、联合攻坚机制、联姻帮带机制和联动发展机制。新青阳共富联盟通过农、文、旅深度融合，带动村民共同致富，为"乡村振兴"和"共同富裕"提供了开化样本。

【案例5-4】"特小乡"共富联盟

当前，"特小乡"已成浙江省区域发展的突出短板，"特小乡"既是城乡差距的集中呈现地，又是区域差距的重要表现地，更是农村居民收入的洼地。为此，开化县在"3455＋X"共富联盟基础上，以三个"合力"为共识，塑造了"特小乡"共富联盟，提供了"特小乡"发展的共富样本。开化县结合常住人口在1万人以下的9个"特小乡"乡镇的产业基础和乡情实际，通过"党建＋"形式，以"行政村＋企业＋支持单位"的模式建立了共富联盟。同时组织各乡镇以股份合作的模式成立强村公司，作为运营实体，把全乡镇的资源整合在一起，利益捆绑在一起，实现信息互通、产业共建、资源共享和财富共创。"特小乡"共富联盟以乡村产业为纽带，形成产业链协同，有效解决了9个乡镇村、市场主体单打独斗、同质竞争的问题，推动了资源要素互补，更好地实现了产业链分工协作。目前已成功打造了大溪边红高粱、何田清水鱼、齐溪龙顶茶旅、中村"研学＋"形式等4个影响面广、带动力强的产业联盟品牌。

案例简析：

开化县打造"特小乡"共富联盟的做法主要有以下亮点：一是注重"一乡一业"，打造产业特色。围绕特色农业产业，探索"政府＋企业＋社会组织"，创新一批转化平台，大力发展一批生态产品利用型、生态产品赋能型、生态产品影响型地域特色产业，推动实现以生态育业态。二是注重"由点及面"，扩大产业规模。探索农村经营管理体制改革，通过村集体流转闲置土地，破解耕地破荒难题，改变以往"零零散散"种植为成片化、规模化发展。三是注重"品牌赋能"，提高产业价值。针对生态农旅产品种类繁多、相对零散而难以在市场形成影响力和竞争力的状况，加强创新，深化推广，构建"钱江源"区域公用品牌体系，把"龙顶茶、清水鱼、中蜂"等本地优质特色"资源"转化成了群众增收致富的"财源"，提升生态农产品附加值。四是合力释放优势，做精"特小乡"乡愁韵味。充分发挥好山、好水、好风光自然资源优势，从小项目、小细节入手，拿出"绣花"功夫，打造精致、精美的地域环境，不遗余力地对村庄环境进行精雕细琢，加快推进一批"微改造、精提升"项目落地。

本章小结

通过共富联盟，金星村与周边村落不仅实现了产业共生，还形成了优势互补、资源共享。共富联盟不仅是一个概念突破，还是让更多群众共享发展成果的重要手段。开化县作为全省 26 个山区县之一，通过创新探索"34155＋X"共富联盟体系建设，在"县域、镇域、村域、产业"四个层面推动整体发展、转型升级，让每一寸土地都发挥出推动共同富裕的应有价值，为浙江省共同富裕示范区建设贡献了开化智慧。

思考题

1.共富联盟的内涵和特征是什么？开化县共富联盟具有哪些特征？

2."大金星"金色党建共富联盟有什么好的方法和路径？

3.共富联盟有哪些体制机制创新，如何破解共同富裕建设难题？

拓展阅读

1.新华社.中共中央 国务院关于支持浙江高质量发展建设共同富裕示范区的意见[EB/OL].（2021-06-10）[2023-03-06].http://www.gov.cn/xin-wen/2021-06/10/content_5616833.htm.

2.浙江省人民政府.浙江高质量发展建设共同富裕示范区实施方案（2021—2025 年）[N].浙江日报,2021-07-19

3.黄奇帆,厉以宁,刘世锦.共同富裕：科学内涵与实现路径[M].北京：中信出版社,2021.

促进全体人民共同富裕是一项长期任务，也是一项现实任务，急不得，也等不得，必须摆在更加重要的位置，脚踏实地，久久为功，向着这个目标作出更加积极有为的努力

——摘自习近平总书记在十九届中央政治局第二十次集体学习时的讲话(2021 年 1 月 28 日)

第六章 砥砺前行:金星村共同富裕的未来展望

本章要点

1. 产业兴旺是乡村振兴的前提,也是实现乡村共同富裕的经济根基。金星村要把产业发展摆在突出位置,充分挖掘在红色教育、休闲旅游、绿色发展等方面的优势资源,大力发展富民产业和特色经济,壮大集体经济,带领村民增收致富,打造"生产、生活、生态"三生融合内涵的共富亮点,夯实乡村共富产业基础。

2. 建设生态宜居的美丽乡村,是实施乡村振兴战略的重要任务之一,也是乡村共同富裕的重要路径。为此,在新时代的伟大征程上,金星村要牢固树立和自觉践行"绿水青山就是金山银山"理念,厚植乡村生态底色,彰显乡村活力本色。

3. 乡风文明是乡村共同富裕的灵魂。金星村共同富裕需弘扬传统文化,激励文化创新创造内生动力,不断提升文化软实力和影响力,为共同富裕注入强大的精神力量;以文化为魂,不断加强文化建设,促进文化与科技、旅游等跨界融合发展。

4. "治理有效"是乡村振兴和共同富裕的有力保障。展望未来,金星村共同富裕要按照党的十九届四中全会精神,推进国家治理体系和治理能力现代化的战略目标,推动乡村基层社会治理现代化。

5. 生活富裕,是实施乡村振兴战略的根本出发点和最终落脚点,是农村广大群众对美好生活的向往和需求,是共同富裕的重要根基。金星村未来发展要把提高民生福祉,实现基本公共服务均等化、促进人的全面发展和社会全面进步摆到更加重要的战略地位,为实现高水平共同富裕夯实社会基础,筑牢共同富裕的公平公正根基。

回顾过去,金星村坚定不移践行"绿水青山就是金山银山"理念,深入实施乡村振兴战略,大力发展特色产业,建设富有金星特色的美丽山水、美丽田园、美丽村庄、美丽庭院,整个村庄发生了翻天覆地的变化,走上了"人人有事做,家家有收入"的乡村共富之路。展望未来,金星村共同富裕要以产业为基,加快发展富民产业为乡村共富夯实根基;以生态为本,建设宜居村庄为乡村共富增添生态底色;以文化为魂,大力弘扬乡土文化为乡村共富注入灵魂;以善治为要,推动乡村共富共治新升级;以民生为重,奋力打造乡村共富共享新图景。

第一节　产业兴旺,夯实乡村共富经济根基

产业兴旺是乡村振兴的前提,也是实现乡村共同富裕的经济根基。2022年中央一号文件明确要求"大力发展县域富民产业",并将其作为"聚焦产业促进乡村发展"的重要内容。在实现山区县共同富裕的道路上,开化要争当创新动能更加强劲的先行示范,大力发展县域富民产业,建立"美丽+智慧"特色经济体系,充分释放创业创新创造动能,提高经济发展质量效益。展望未来,金星村需要继续把产业发展摆在突出位置,充分挖掘在红色教育、休闲旅游、绿色发展等方面的优势资源,大力发展富民产业和特色经济,壮大集体经济,带领村民增收致富,打造"生产、生活、生态"三生融合内涵的共富亮点,夯实乡村共富产业基础。

一、加快富民产业提质增效

大力发展富民产业,既应高瞻远瞩,高度重视发展富民产业的重要性和紧迫性,又需拓宽视野,促进富民产业高质量发展落地见效,夯实促进农民农村共同富裕的根基[①]。金星村要进一步锚定产业发展方向,逐步提高"三树金星"品牌知名度与美誉度,拓展产业链提升价值链,促进金星村产业经济健康发展,实现农民增效增收,进一步推动产业共富。

---

① 姜长云.发展县域富民产业夯实共同富裕根基[N].学习时报,2022-03-14(7).

1.找准乡村富民产业发展方向

近年来,金星村乡村产业发展如火如荼,龙顶茶、创意农业、无花果农产品加工业和农村文旅休闲产业快速发展,产业形态不断丰富。但是,在推进乡村产业发展中,仍与其他乡村存在同质性问题,定位不清,缺乏"拳头产业"。一是要找准产业发展方向。金星村在富民产业选择上,要依托独特的地理位置,把握原有产业特色与优势,在龙顶茶、创意农业、无花果农产品加工业和农村文旅休闲产业基础上,大力发展"美丽+智慧"经济,全面拓展农业多种功能,做足产业特色,把金星村打造成为"生产、生活、生态"三生融合的产业高地、生态绿地、文化福地和休闲旅游打卡地,夯实产业共富基础,提升质量效益和产业竞争力。二是产业引入要扬长避短,互惠共赢。富民产业选择和引入过程中,要突出产业特色,与周边村落形成优势互补的产业生态圈,避免因项目雷同、产业单一引发的恶性竞争,要打造具有乡村特色的"拳头产业"。加强对产业发展的负面清单管理,引导城市企业、外来资本扬长避短、趋利避害,形成互惠共赢关系①。

2.拓展产业链提升价值链,推进乡村三产融合发展

为改变目前乡村产业链条较短的状况,需要完善乡村产业的上下游分工协作,推动产业向上下游延伸拓展②。一是鼓励拓展农业多种功能、挖掘乡村多元价值。推进农林业上中下游一体、一二三产业融合,做精做优农村商贸流通业、乡村休闲旅游、乡村文创等产业,积极构建全产业链的农业产业发展新模式。二是构建现代乡村经营体系,打造现代农业综合体,培育龙头企业、家庭农场、合作社、农创客等新型经营主体,培育发展全过程、全产业链的现代化农业服务企业。全面构建新型农业社会化服务体系,大力培育农业社会化服务组织,深化"三位一体"农合联改革,推动龙头企业与农民共建农业产业化联合体,推广"订单收购+分红"等农业新形态。三是强势推动传统产业转型升级,促进乡村产业"扩链增效"。坚持产业发展与扩大就业兼顾,实现多渠道增收,强化乡村产业发展"规划引领、政策保障、项目支持、培训指导、责任落实"五个到位,优化"区域有特色主导产业、产业有发展梯次、新型经营主体有多元

①　姜长云.发展县域富民产业夯实共同富裕根基[N].学习时报,2022-03-14(7).
②　刘明月,汪三贵.以乡村振兴促进共同富裕:破解难点与实现路径[J].贵州社会科学,2022(1):152-159.

组合"的乡村产业发展格局。

3. 做大做强特色品牌,全面推进农业高质量发展

一是立足资源禀赋,做大乡村产业品牌。立足资源禀赋和产业基础,辅以现代化的生产组织管理,加速产业集聚、延伸产业链条、唱响特色品牌,提高乡村产业发展质量和效益。基于乡村在资源环境、品种特色等方面的优势,培育壮大乡村产业,增强产业发展的可持续性。二是提升特色产品品质,做精做强特色品牌。遵循做精做强的原则,提高"三树金星"品牌知名度、美誉度和影响力;进一步提升龙顶茶品牌,发展创意农业,培育无花果等新兴产业,让每个特色产业都具有不可替代性;谋划乡村特色活动品牌,开展系列农事节庆、体育赛事和音乐、美食等品牌活动。三是树牢品牌强农意识,提升乡村品牌竞争优势。不断提升特色农业产品科技含量,以互联网＋、人工智能＋、5G＋等新一代数字技术为依托,赋能品牌发展,凸显竞争优势,做强农业品牌,助力乡村产业共富。

二、盘活用好乡村资源资产

农村资源丰富,但有很多尚未唤醒或完全唤醒,亟须进行深度挖掘,形成包括自然资源、非物质文化遗产等在内的最广泛的生产资源要素体系,推动农村产业发展和经济持续增长,夯实农村共同富裕的基础[1]。

1. 盘活农村资源资产,促进共同富裕

充分发挥"两山银行"平台作用,努力盘活山、水、田、闲置农房等资源,获得固定利息、投资收益和盈利分红。未来,要进一步加强与两山集团、城投集团、供销社等单位联系,与国企进一步深入合作。将本村闲置的资源、资产进一步梳理,比如闲置房屋、山塘水库等,在区域内统一打包、规划、招商、利用,扩大吸引力和利用率;发挥地域优势,与国企合作,建设批发市场、电商公司等,并吸纳周边村和百姓参与,助力共同富裕。

2. 建立全周期规范化的乡村资产核算制度

从资产的产权确立—运营使用—收益分配—监督审计等全环节出发,建立立体化全周期乡村资产核算制度,全面盘点乡村资源。在资产的产权确立

---

① 胡彩娟. 推动农村资源资产转化 助力实现乡村共同富裕[N]. 光明日报. 2022-02-28(6).

阶段,建立资产核算制度,明确产权的归属问题,摸清乡村家底;在资产运营使用环节,引进专业机构和经营主体,完善和优化资产运营维护体系;在利益分配环节中,完善乡村资产收益的分配制度,保障村民利益共享,实现乡村共富兜底保障;在资产的监督审计环节中,完善内部与外部审计制度,增强风险意识,防范资产流失。

3.深度挖掘开发乡村一切可转化资源

金星村要继续拓展"绿水青山就是金山银山"的转换通道,出台政策鼓励产业发展,做好环境旅游产业开发,支持、引导村民开办民宿,真正让金星村村民在家门口就业。以多元化服务需求为导向,推进多功能农业发展,实现差异化农业发展,充分利用乡村一切可转化资源,延伸农业产业链和价值链。

三、构建产业发展利益共享机制

乡村富民产业的焦点在"乡村",关键是能"富民",核心是"构建共享机制",通过构建产业发展利益共享机制,促进农村居民走向共同富裕。金星村要依托"大金星"共富联盟,建立"政府＋企业＋村民"的利益联结机制,进一步打造富庶均衡、活力迸发的富裕图景

1.依托"大金星"共富联盟打造富裕图景

发挥金星村地理优势,充分提升共富联盟传帮带作用,打造富庶均衡、活力迸发的富裕图景。进一步打响金星村"全国先进基层党组织"这一金名片,充分发挥"金色党建联盟"和郑初一"兴村名师"作用,充分总结提炼联盟内各村、企党建工作的好做法好经验,带动联盟内各村庄、企业党建工作互看互比、互促互进,辐射周边,带动全镇乃至全县党建工作整体提升。

一是做大培训产业,进一步挖掘片区内培训教育、旅游产业等资源,将培训产业、红色教育作为"大金星"共富联盟的主导产业、主打品牌,建立"1＋X"培训教学点,即以金星村为核心,其他单位、行政村充分挖掘各自特色,作为教学实训基地,开发红色教育、产业发展、研学教学、乡村旅游、两新党建等特色品牌课程,共同做好培训产业发展。同时,要加快党建培训中心项目建设,提升培训承载力,并联系对接党校、工会、学校等各类培训资源向"大金星"导入,将其努力打造成全市乃至全省、全国知名的党员干部教育培训基地,使其成为业内标杆。

二是谋划一批共富项目,主要分为六大类:重大带动类项目,主要通过重大项目带动周边村联动发展;党建培训类项目,主要是进一步挖掘联盟片区红色教育资源,将培训产业、红色旅游作为主打产业;抱团发展类项目,通过村村抱团实现村集体经济巩固提升;富民增收类项目,进一步做大龙顶茶、无花果、木槿花等农业特色产业,以及培训产业、旅游产业、电商经济等新兴业态,拓宽联盟产业发展空间,实现村集体经济和农民人均收入巩固提升;旅游及配套类项目,主要是通过加快旅游业态融入、完善旅游基础设施,提升旅游接待能力;民生提升类项目,主要是通过改善共富联盟相关村基础设施建设,提高村民幸福指数和游客满意指数。

2.建立"政府＋企业＋村民"的利益联结机制

一是建立"政府＋企业＋村民"的利益联结机制。聚焦推动共同富裕,实施"一村一品"、入股分红、培育农家乐民宿、发展物业经济等措施,通过网络直播带货、打造供销社、创建农产品展销中心等方式拓宽农产品销售渠道,实现农村集体增收。推动"政府主导、企业主营、村民主体"的运行模式,充分发挥政府、市场与公众等多元主体作用,推行自主创业、土地(投资)入股、就地就业等多样化增收模式,形成"租金＋股金＋薪金"的财富分配机制。

二是充分发挥企业、行业组织带动作用。鼓励行业协会、产业联盟和龙头企业、科技特派员发挥作用,打造增强产业创新能力的"排头兵",培育科技创新向产业创新转化的"领头雁",夯实提升产业竞争力的"骨干支撑"[①]。鼓励和支持龙头企业通过订单收购、保底分红、二次返利、股份合作等多种形式带动农民共同发展,让农民分享产业发展的增值收益。

三是深入实施新乡贤带富工程,建立多元主体投资、专业团队运营、利益机制紧密的村庄经营新模式。引导产业发展成果更好地惠及农民就业增收提能,使原乡人、归乡人、新乡人都能从产业发展中获利,有利于在推进乡村振兴中发挥农民主体作用。

四、促进城乡要素自由流动

长期以来,由于城乡分离的二元结构,我国没有形成统一开放、竞争有序的市场体系,要素和资源市场、商品和服务市场建设不完善、不健全,市场监管

---

① 姜长云:发展县域富民产业夯实共同富裕根基[N],学习时报,2022-03-14(7)

规则、标准和程序不统一，阻碍了产业升级和技术创新，无法释放市场潜力①。金星村推动共同富裕实现，同样面临众多的城乡要素市场壁垒，因此，加快城乡要素市场化的改革进程，打破城乡要素市场壁垒，加强产业融合的集约型村庄建设，将成为金星村实现共同富裕的关键路径。畅通土地、资本、人才、生态、信息等城乡资源的自由流动通道，降低制度性壁垒和交易成本，实现城乡资源要素双向自由流动，推进城乡基础设施和公共服务均等化、精准化，融合城乡精神和文化，建立城乡衔接的社会保障制度，是金星村构建推动产业发展、提升劳动生产率、提高供给质量、增加居民收入、优化升级需求、扩大市场规模容量、降低生活成本、实现共同富裕的基础支撑。

1.促进城乡人力资源双向流动

金星村共同富裕的未来发展必须建立城市与农村人口的双向有序流动机制，实现城乡人才要素的自由流动，提升整体劳动生产率，实现人口安居乐业。推动城乡人才共享，实施"时代特色、效果导向"的多维乡村人才培育，进一步健全技能人才的市场价值实现机制。完善"两进两回"支撑政策，留住原乡人，唤回归乡人，吸引新乡人。建设特色产业园、小微创业园，利用闲置厂房、农房等建设共享办公、共享创业空间，吸引年轻人回来、城里人进来②。

2.优化城乡土地资源配置

金星村要加快乡村"三块地"改革，激活城乡土地要素流动。一是深化宅基地"三权分置"改革，盘活乡村"沉睡资源"。健全乡村承包地"三权分置"制度，进一步放活土地经营权，允许农民将土地经营权入股到企业、合作社等新型经营主体从事农业产业化经营。加快农村宅基地和集体建设用地的改革进程，建立健全区间、城乡间建设用地指标增减挂钩的制度，盘活农村闲置的宅基地和集体建设用地，完善农民的财产权益保障机制，激活土地要素市场③。二是推动承包地集中连片流转，探索建立"股票田"。启动"三堂一馆"农村集成改革试点，组建强村公司。鼓励对依法登记的宅基地等农村建设用地进行复合利用，发展休闲农业、乡村民宿、农产品初加工、农村电商等。保障

---

①　唐任伍,许传通.乡村振兴推动共同富裕实现的理论逻辑、内在机理和实施路径[J].中国流通经济,2022,36(06):10-17.

②　浙江省人民政府办公厅印发《关于开展未来乡村建设的指导意见》(浙政办发〔2022〕4号).

③　刘明月,汪三贵.以乡村振兴促进共同富裕:破解难点与实现路径[J].贵州社会科学,2022(01):152-159.

和规范农村一、二、三产业融合发展用地,鼓励各地根据地方实际和农村产业业态特点探索供地新方式。三是适度推进"柔性供地"个性化服务试点,优化"要素跟着项目走"保障机制,着力打造一批现代农业示范区,加快"专精特新"乡村产业集群发展。

3.推进城乡资本要素流动

加快工商资本下乡步伐,合理利用下乡资本,因地制宜开展多种农业经营模式。建立社会资本投资农业农村指引目录制度,发挥政府投入引领作用,支持以市场化方式设立乡村振兴基金,撬动金融资本、社会力量参与,重点支持乡村产业发展。完善乡村信用体系,探索乡村产融良性互动发展模式,创新绿色信贷、"保险+期货"等特色金融益农产品,完善乡村金融服务体系,为农业发展提供资金支持。

第二节 生态宜居,增添乡村共富生态底色

生态宜居是提升乡村发展质量的保证。建设生态宜居的美丽乡村,是实施乡村振兴战略的重要任务之一,也是乡村共同富裕的重要路径。为此,在新时代的伟大征程上,开化要争当生态之美更加彰显的先行示范,不断完善生态治理体制机制,全面推行生态产品价值实现机制。展望未来,金星村要牢固树立和自觉践行"绿水青山就是金山银山"理念,厚植乡村生态底色,彰显乡村活力本色。

一、打造田园牧歌式美丽宜居村庄

生态宜居,是乡村振兴的内在要求。建设生态宜居的美丽乡村,不能搞大拆大建,而要立足自然特征和文化特色,因势利导,把传统村落改造好、保护好,让乡村的自然生态与现代生活融为一体,留住"原味"的青山绿水。

1.建立村庄空间规划协同机制

统筹处理好生产、生活、生态三大空间布局,有序推进"多规合一"实用性村庄规划编制。集约利用土地,健全"县域乡村建设规划+村庄布点规划、村庄规划、村庄设计、农房设计+农村特色风貌规划"乡村规划建设体系,加强乡

村建设规划许可管理。尊重乡土风貌和地域特色,保留村庄原有纹理,以"绣花"功夫推进乡村微改造、精提升,加强对新建农房式样、体量、色彩、高度等的引导,迭代优化农房设计通用图集,让村民住得放心、住得舒心、住得暖心①。

金星村全貌

2.进一步改善农村人居环境

一是持续打好"五水共治、四边三化、三改一拆"组合拳,深化"污水、垃圾、厕所、庭院"四大革命,开展"治水、治气、治土"三大攻坚战,建设宜居宜业的美丽乡村。二是坚持梳理式整治、景区化打造、社区化管理和品质化生活的人居环境整治提升主线,深入开展人居环境整治行动,推动乡村面貌持续改善。三是持续开展村庄清洁行动。综合运用经济激励、村民公约等方式,提升村民参与农村面源污染治理、清洁乡村建设的积极性,吸引其主动参与农村人居环境整治的常态化、制度化建设②。推进农村生活垃圾分类精准化、回收利用资源化、末端处理智慧化,支持扩大供销社农村再生资源回收利用网络服务覆盖面。

3.全面落实联动推进乡村风貌提升

一是以打造公园的理念打造村庄,富有金星特色的美丽山水、美丽田园、美丽村庄、美丽庭院。加快美丽乡村建设,实施休闲公园、环村江滨绿色休闲长廊、休闲古埠头、村口公园、香樟大道、银杏大道等一批重点项目,将金星村打造成为"望得见山、看得见水、记得住乡愁"的美丽新农村。

---

① 浙江省人民政府办公厅印发《关于开展未来乡村建设的指导意见》(浙政办发〔2022〕4号).
② 郭珉媛.以高水平生态文明建设推动共同富裕[N].中国社会科学报,2022-04-27(3).

二是坚持美丽城镇与美丽乡村、县域风貌样板区和美丽乡村示范县联创联建,完善城乡一体的规划建设和风貌管控体制机制,联动推进美丽县城、美丽城镇、美丽乡村建设,促进美丽田园、美丽山林、美丽河湖、美丽山塘、美丽绿道、美丽庭院融合、贯通,描绘现代版"富春山居图"。

三是开展村庄微改造精提升,加强农房建筑风貌引导,分片区确定管控要素清单,编制推广农房设计通用图集。应用农房"浙建事"全生命周期综合管理系统,严格落实一村一风貌带方案审批制度。

二、健全生态产品价值实现机制

生态价值转化和生态产品价值实现是优化生态环境建设的必然举措,也是实现乡村共同富裕的重要载体。随着城乡融合发展渐趋深入,城市资本进入乡村社会已是必然趋势,后续工作关键在于对农村资源的有效整合,特别是利用城市资本的杠杆撬动沉睡的农村生态资源,在生态价值转化上不断探索新的发展路径,将"资本"与"资源"实现一体连通,让农民富起来,让农村火起来,让农产业热起来,使全民共享发展成果,实现共同富裕。

1. 优化乡村生态,推进高标准绿色发展

一是健全自然资源资产产权体系,着力推进对各类自然资源的数量、质量等底数情况的系统清查,加快建设自然资源三维立体时空数据库并动态更新;充分厘清自然资源资产产权主体及边界,深入推进自然资源统一确权登记及颁证工作。[1] 二是以"钱江源国家公园"建设为契机,坚持保护为先适度开发,让全民共享建设红利。通过地役权改革,推进公园内零散自然资源的统一管理,为规模化实现"资源"变"资产"奠定基础。三是健全完善生态农产品、文旅等乡村生态产品的市场价格形成机制,分类分层搭建生态资源交易转化平台,创新拓展生态补偿、绿色银行、"生态＋"多业态融合等生态产品价值实现方式,健全对限制开发区、生态涵养区等欠发达地区的生态补偿机制,推动生态要素向生产要素、生态财富向物质财富转变。四是打造生态产品公共交易平台,完善生态产品供求信息共享和产销对接机制,实现生态产品供需精准对接。

---

[1] 刘俊利.生态产品价值实现助力共同富裕[N].中国社会科学报,2022-7-27(3).

2.激活生态产品价值,拓展乡村发展空间

一是扩大乡村优质生态产品供给。加快乡村绿色发展方式转型,以更加优质的乡村规划撬动乡村资源集约化利用,赋予文化内涵,紧密市场关联,着力提高乡村生态产品品质和层次。紧紧抓住碳达峰与碳中和带来的机遇,激活乡村生态资产价值,大力发展碳汇经济,着力发展生态农业、生态旅游、康养产业和生态林业经济,创造更多的绿色生态品牌,拓展和丰富乡村优质生态产品呈现形式,促进生态资产保值增值。牢固树立品牌意识、精品意识,要充分结合本地特色,通过平台赋能、立体包装、市场运作,加快培育产业规模,形成品牌效应。

二是加速乡村生态产品市场化经营开发。培优育强乡村生态产品市场经营开发主体,致力于乡村"全域生态综合体建设"中推进产业生态化和生态产业化。推行"生态治理＋现代农业发展＋集体经济增收"的可持续发展方式,提高乡村全要素生产率。优化城乡主体功能区划分,完善生态产品市场化机制,规范城乡区域之间以及企业、农村集体组织、农户等主体之间"碳交易"市场行为,全面拓展乡村发展空间。

3.强化生态产品价值实现资金保障

通过创新绿色金融模式,唤醒沉睡的自然资源。一是创新绿色金融产品及服务。推出公益林补偿收益权质押贷款、森林资源资产抵押贷款,将"活树"变"活钱";创新"美丽家园贷""民宿贷"等金融产品,助力增收消薄。二是拓宽融资渠道,提升金融服务质效。全面推进国家公园承包地和房屋地役权改革,数字化、规模化、产权化统筹各类资源;同时,深化"绿色资金风险池"、产业引导基金,统筹建立"生态价值转化基金",加快"资源"变"资产"的步伐。

三、生态赋能美丽经济幸福产业

2020年3月29日至4月1日,习近平总书记在考察浙江时指出,要践行"绿水青山就是金山银山"发展理念,推进浙江生态文明建设迈上新台阶,把绿水青山建得更美,把金山银山做得更大,让绿色成为浙江发展最动人的色彩[①]。金星村要加快发展美丽经济幸福产业,做优做深生态农业,做精做大生

---

① 周国辉.心怀"国之大者" 打造国之美丽底色[N].浙江日报,2020-07-27(7).

态文旅产业,推动乡村共同富裕。

1.做优做深生态农业

要做优做深生态农业,解锁农业发展"流量密码"。一是提升生态食品供给水平。培育一批农业龙头企业,壮大农业经营主体队伍,大力发展品牌建设主体。加强名特优新农产品培育,开展绿色高质高效行动,建设一批绿色有机农林产品基地,推出一批国家公园限量版珍品,争创国家有机产品认证示范区。实施美食产业"个十百千万亿"工程,设立"钱江源味道"美食学院,打响"开化大厨"品牌。二是探索推进农林产品产业化。金星村可以围绕"国家有机产品认证示范区""浙江省农业绿色发展先行县"建设,以龙顶茶、清水鱼、山油茶、土蜂蜜、食用菌、中药材等农特产品为重点,推动农林产品产业化。聚焦"两茶一鱼两中"①特色农业,建设钱江源品牌汇展示馆、体验馆等,向长三角地区开拓直营店及加盟店,推动农业产业平台提档升级。探索多元智慧+农业融合新模式,加快"数字三农"云平台建设,推进农业产业生产端"智慧化"改造,推动传统农业向智慧农业转型。加强与农林院校及科研机构合作,打造国家级重点林木良种基地、省级杉木种质资源库等重要育种基地,创建国家珍贵树种培育示范县,推进珍贵树种培育发展常态化。

2.做精做大生态文旅产业

依托自然资源优势,做精做大生态文旅产业,充分激发经济发展效益。

一是加快乡村旅游集群化发展,生态赋能美丽经济幸福产业。完善文旅产业扶持政策,充分挖掘整合资源,引导文旅产业集群化发展、集团化运营,推动旅游产业提档升级。将"大金星"片区作为一个整体进行旅游开发,并与花牟谷景区联动,全域创建4A级景区,启动田园综合体、网红打卡点等创建工作,并鼓励以老百姓参与的方式,加快餐饮、美食、文创、运动、娱乐等业态的布局,实现"村+景"共荣。进一步鼓励发展精品民宿群项目,并广泛动员乡贤、国资公司、社会资本发展精品民宿、亲子工坊、树屋酒店等。

二是加大品牌建设,打造文旅名品。融入"三衢味"山区名品品牌,做大做强"钱江源国家公园+钱江源"区域公用品牌,助推一、二、三产业深度融合发展。"钱江源"品牌授权企业,建设品牌展示馆、品牌基地,构建"钱江源"品牌营销、质量标准等体系,开发"钱江源"品牌文创产品、工艺品、旅游产品等,努

---

① 两茶:开化龙顶茶、山茶油;一鱼:清水鱼;两中:中峰、中药材。

力使"钱江源"品牌成为全国知名县域公用品牌。以"4＋4"旅游商品体系为核心，注重深挖文化元素，创新产品研发，开发更多文旅产品，壮大文创产业。

三是加快文旅融合发展。促进康养、体育、休闲、研学、美食等产业深度融合发展，实现"旅游＋""＋旅游"全产业多业态融合发展。坚持保护与开发相结合，确保自然生态环境的良性循环。探索"文旅＋生态"发展精品度假、"文旅＋农业"发展休闲农场、"文旅＋农户"发展民宿客栈、"文旅＋教育"发展研学基地等一批具有特色的生态文旅发展模式。

第三节 乡风文明，注入乡村共富文化灵魂

乡风文明是乡村共同富裕的灵魂。现代文明视角下，共同富裕涵盖了人民对美好生活向往的方方面面，既追求物质富裕，又追求精神富裕，既要富口袋，也要富脑袋，实现物质生活和精神生活都富裕。共同富裕既体现在物质财富的共建共有，也体现在精神文化财富的共创造共享①。2021年中央1号文件明确提出，"全面推进乡村文化振兴，深入挖掘、继承创新优秀传统乡土文化，推动形成文明乡风、良好家风、淳朴民风"。在实现山区县共同富裕道路上，开化要争创精神文化更加富足的先行示范，钱江源文化体系有效重塑，浙西革命斗争精神广泛传承，文化事业与文化产业协调发展，现代文化产业体系、公共文化服务体系更加完善，文化软实力全面提升。展望未来，金星村共同富裕需弘扬传统文化，激励文化创新创造内生动力，不断提升文化软实力和影响力，为共同富裕注入强大的精神力量；以文化为魂，不断加强文化建设，促进文化与科技、旅游等跨界融合发展。

一、传承乡村文化根脉

植根于农耕文明的乡土文化是中华文化的根脉，蕴含着丰富的思想观念、人文精神和道德规范，不断滋养着中华儿女，塑造着中华民族的民族特性和精神气质。筑牢乡土传统文化的根基和文脉，让"乡愁"成为乡村共富的精神纽带。

1.盘活乡村文化资源，筑牢文化根基

金星村要围绕红色文化传承、千年古银杏文化图腾等，通过开展"民间艺

---

① 夏杰长，徐紫嫣.五位一体推进浙江共同富裕示范区建设[N].经济参考报，2022-07-12(7).

术之乡""历史文化村落""传统特色村落""非物质文化遗产"等评选命名活动,激活农村文化资源,充实农村公共文化,形成"一村一品"特色地域品牌。

深入挖掘红色文化、银杏文化、非遗文化等传统文化,提升品质和创作水准,形成特色文化IP。一是加强红色文化资源保护和开发力度,加强开化党建治理馆建设与运营,形成独具特色的红色文化传承机制。二是围绕"千年银杏"文化图腾,开展系列主题活动,开发千年银杏文化旅游IP。三是传承非遗文化,实施乡土专家计划,大力培育根艺师、茶艺师、民间工艺师等乡土专家,选树一批乡土人才"标杆",鼓励老艺人带徒授艺,壮大传统文化保护队伍。

2. 发挥传统文化精神,增强乡村文化凝聚力

发挥乡贤文化的示范作用,深入挖掘各地古今乡贤事迹和乡土风俗,培育富有地方特色和时代精神的新乡贤文化,引导广大农民见贤思齐、体悟践行。凝聚乡贤力量,发挥乡贤作用,对促进乡土文脉传承、推进乡村治理现代化、实现乡村振兴有着非常重要的意义。积极培育乡贤工作室和乡贤项目,发挥人才回归、技术回乡、资金回流的"聚合效应"。设立乡贤馆,讲乡贤奋斗故事、讲乡贤奉献精神、讲乡贤家国情怀,厚植乡贤文化,形成了学乡贤、颂乡贤、做乡贤的鲜明导向,助力人才回归、产业兴旺。积极展示传承传统文化,持续开展春节、元宵、清明、端午、七夕、中秋、重阳等"我们的节日"主题实践活动,引导"回乡过节"的新风尚。

二、夯实乡村文化阵地

金星村共同富裕的未来发展,要以新时代文明实践中心建设为引领,积极推进综合文化站、农村文化礼堂、乡村图书馆(农家书屋)等乡村文化阵地建设,突出乡村文化阵地作用,创新农村精神文明建设,强化文化公共服务供给,实现乡村精神共富。

1. 推进农村基础文化设施改造建设

目前,浙江农村文化礼堂数量剧增,基本实现了农村区域全覆盖,但文化供给整体质量却不高,多数农村文化礼堂除了举办一些政府举办的日常活动,其余时间基本处于闲置状态。一是实施文化惠民活动,拓宽农村文化礼堂、乡村振兴讲堂等文化阵地的现代知识传播功能;开展"全民阅读日""百团千场乐万家""钱江源音乐节"等群众性文化活动;建设"钱江源书社"和精品书屋,打

造"书香金星",不断满足农民日益增长的精神文化需求。二是精心组织"我们的村晚""农民艺术节""乡村文化会演""农民丰收节"等节庆活动,营造健康、浓郁的农村文化氛围,增强农民文化自豪感和自信心,为促进农民精神富有提供强大的主客观环境支持。三是形成多层次文化供给体系,不断提升文化质量。以为农民群众提供健康、积极、充满正能量的文化产品为导向,举办一些雅俗共赏的文娱活动,要充分发挥村民主体作用,通过稳步引入市场机制,广泛联动社会组织逐步丰富活动内容,提升活动质量。

2.强化高品质农村公共文化服务供给

加强村民文化需求的调查研究,追求服务精准化,实现公共文化产品的有效供给。一是创新公共文化服务供给方式,以群众需求为出发点,运用数字化手段,开发和建设"一站式"且"互联互通"的文化资源集成云服务平台,采用"超市化"供应、"菜单式"服务、"订单式"配送的模式,为广大农村群众提供精准对路的公共文化产品和服务。二是提升农村公共文化服务质量,开展主题文化服务活动,打造文化服务品牌。

三、做强乡村文化产业

当前,乡村蕴藉的丰富文化资源、城市不断扩张的文化消费市场、各级政府出台的扶植政策和社会资本的大幅下乡等有利因素,使得乡村特色文化产业的快速发展呈现出可行性和可期性[1]。我们应充分发挥乡村资源、生态和文化优势,积极探索发展乡村特色文化产业的路径,促进乡村文化产业的繁荣兴盛。

1.充分发挥"文化+"功能,积极发展文化产业

一是打造特色文化产品和服务。以体验经济展现乡村特色文化的魅力,通过将乡村生产、生活、民俗、农舍、休闲、养生、田野等系统加以链接,构建乡村特色文化产业链条,创造新的价值增长空间。立足于资源禀赋和民俗风情,组织开展乡村歌舞、乡村竞技、乡村风情、乡村婚俗、乡村观光、乡村耕织、乡村喂养等表演活动,提供具有浓郁乡土气息的文化服务[2]。

---

[1] 刘金祥.发挥乡村特色文化产业对乡村振兴的助推作用[N].黑龙江日报,2019-03-05(7).
[2] 刘金祥.发挥乡村特色文化产业对乡村振兴的助推作用[N].黑龙江日报,2019-03-05(7).

二是深化文化体制改革,注重文化创意、科技创新、产业融合,打造"出精品、出人才、出效益"的现代文化产业体系。实施文创产业集聚工程,建设文创产业园,完善"文化＋"产业结构,引导培育骨干文化企业,加快开化文旅数字化转型,推出文化智慧地图,推动文旅、文体、文创深度融合。启动文化众创空间建设,搭建文化创意产业平台,吸引文化企业入驻和人才集聚。强化科技创新的要素投入,持续推出一系列具有"高技术"与"高文化"含量的文化产品。

三是突出重点领域建设,突出抓好农业观光、餐饮民宿、休闲度假、文化集会、非遗展示等文化旅游业态,加快形成全域多元、业态丰富、产品多样的乡村旅游发展格局,促进乡村全域旅游示范区建设。提升产业集聚水平,依托乡村文化禀赋,整合乡村文化资源,加快培育和建设一批地域特色鲜明、产业优势明显的乡村文化产业基地[1]。

2. 以文塑旅、以旅彰文,加快文旅融合赋能

推动创意设计、演出、节庆会展等业态与乡村旅游深度融合,促进文化消费与旅游消费有机结合,培育文旅融合新业态新模式。

一是实施乡村旅游艺术提升计划行动,设计开发具有文化特色的乡村旅游产品,提升乡村旅游体验性和互动性。推动非物质文化遗产融入乡村旅游各环节,支持利用非遗工坊、传承体验中心等场所,培育一批乡村非物质文化遗产旅游体验基地。塑造"一村一品""一村一艺""一村一景"特色品牌,形成具有区域影响力的乡村文化名片,提升乡村文化建设品质,充分开发民间文化艺术研学游、体验游等产品和线路[2]。

二是以乡村民宿开发为纽带,开展多元业态经营。进一步鼓励发展精品民宿群项目,并广泛动员乡贤、国资公司、社会资本发展精品民宿、亲子工坊、树屋酒店等,拓展共享农业、手工制造、特色文化体验、农副产品加工、电商物流等综合业态,打造乡村旅游综合体,有效发挥带动效应。

---

① 刘金祥.发挥乡村特色文化产业对乡村振兴的助推作用[N].黑龙江日报,2019-03-05(7).
② 文化和旅游部 教育部 自然资源部 农业农村部 国家乡村振兴局 国家开发银行.《关于推动文化产业赋能乡村振兴的意见》(文旅产业发〔2022〕33号).

第四节　治理有效，推动乡村共富共治新升级

"治理有效"是乡村振兴和共同富裕的有力保障。乡村进入现代化建设新阶段，加强治理能力建设，构建与经济高质量发展相适应的农村基层社会治理体系，是推进乡村振兴和实现共同富裕目标的重要路径。展望未来，乡村共同富裕要按照党的十九届四中全会精神，推进国家治理体系和治理能力现代化的战略目标，推动乡村基层社会治理现代化。在实现山区县共同富裕道路上，开化要争当社会治理更加高效的先行示范，让群众获得感、幸福感、安全感、认同感更加充实、更有保障、更可持续。展望未来，金星村要依托现有基础，提高乡村基层社会治理能力，实现"四治融合"新升级。

一、提高乡村基层社会治理能力

基层治理是国家治理的基石，统筹推进乡镇（街道）和城乡社区治理，是实现国家治理体系和治理能力现代化的基础工程。2021年中共中央、国务院发布《关于加强基层治理体系和治理能力现代化建设的意见》，要求加强基层治理体系和治理能力现代化建设。加强和改进乡村治理，需要不断提高乡村基层社会治理能力，建设人人有责、人人尽责、人人享有的基层治理共同体。

1.加强村民委员会规范化建设，打造公开透明治理环境

坚持党组织领导基层群众性自治组织的制度，建立基层群众性自治组织法人备案制度，加强集体资产管理。发挥村民委员会下设的人民调解、治安保卫、公共卫生等委员会作用，村民委员会应设妇女和儿童工作等委员会，社区居民委员会可增设环境和物业管理等委员会，并做好相关工作。完善村民委员会成员履职承诺和述职制度①。坚守不插手村里工程项目的"铁规"，进一步规范化"阳光村务"示范，完善"村民议事"制度，开展"村民议事茶话会"。探索制定村级组织履行职责事项清单和协助政府工作事项清单，建立村级组织协助政府工作事项"准入制"。

---

① 《中共中央、国务院关于加强基层治理体系和治理能力现代化建设的意见》（中发〔2021〕16号）.

2.创新乡村治理机制，形成治理合力

创新村级、组级组织设置和管理模式，发挥村民的主动性和积极性，提高化解矛盾纠纷的能力和水平，有效解决撤乡并村带来的"后遗症"[①]。发挥党组织在农村基层的核心领导作用，推进村建总支、组建支部方式，把农村基层党组织建设成坚强的战斗堡垒，在更广领域、更深层次推进农村改革，确保农村快速持续健康发展。深入实施"万村善治"工程，健全完善"一肩挑"村社治理体系，加强村级党组织"头雁队伍"建设。深化"重大事情商量办"机制，常态化开展每周一次两委班子会议，讨论研究涉及集体和村民利益的重大事项，村级事务做到科学民主决策；每月召开群众民主议事会，将村两委工作计划、项目安排等事项提交会议讨论决定，在村级事务管理中汇聚群众智慧。

3.动员群众参与，构建"一核多元"治理结构

乡村治理的很多问题已经远远超出了村级层面的承受能力，以党建引领为"核"、不同治理主体共同参与为"元"的"一核多元"治理结构无疑是推动当前乡村共同富裕治理效能优化的关键所在[②]。

一是发挥党建引领作用。通过党建引领，让党的领导全过程、全周期、全领域地贯穿乡村共同富裕的战略目标中。将不同的治理主体整合到乡村共同富裕的实践中，确保各级党组织能够发挥总揽全局、协调各方的优势，牢牢把住打造面向共同富裕乡村治理共同体的价值导向，将党领导乡村发展落到实处[③]。增强组织动员能力，健全村"两委"班子成员联系群众机制，经常性地开展入户走访活动。加强群防群治、联防联治机制建设，完善应急预案。在应急状态下，由村"两委"统筹调配本区域各类资源和力量，组织开展应急工作。改进网格化管理服务，依托村统一划分综合网格，明确网格管理服务事项[④]。

二是发挥群众首创精神。人民群众是历史的创造者，要始终坚持以人民为中心，尊重人民群众的主体地位。无论是村、组基层组织的班子选举，还是农村产业发展思路的形成，都要坚持"从群众中来、到群众中去"的原则，让广大人民群众充分参与讨论，集群众智慧、群策群力。强化村民"主人翁"意识，

---

① 汪彬,古晨光,陈洋毅.乡村振兴推动共同富裕的实现路径[J].开放导报,2022(3):106-112.

② 陈新.打造面向共同富裕的乡村治理共同体[N].中国社会科学报,2022-05-25(7).

③ 陈新.打造面向共同富裕的乡村治理共同体[N].中国社会科学报,2022-05-25(7).

④ 《中共中央、国务院关于加强基层治理体系和治理能力现代化建设的意见》(中发〔2021〕16号).

增强获得感,动员全区域老百姓参与到村庄的建设发展中来,可考虑成立片区旅游公司,鼓励村民通过入股,村民变股民的方式,共享发展红利。同时,要制定村规民约负面清单,对违反村规民约行为的个人,年底不予以股份分红,以此来提升全体村民的素质。

二、优化"四治"有机融合新升级

积极探索自治、法治、德治、智治的"四治融合"治理模式,不断提升乡村治理水平,切实增强居民群众的获得感、幸福感、安全感。

1."村民议事"增强活力,突出自治本色

自治是乡村共同富裕赖以实现的基本治理方式,只有促使村民的自治基因活跃起来,才能激发村民主体参与共同富裕的使命感和责任感,激发乡村发展的最大内生性动能。金星村要继续深化"村民议事"制度,广纳民言、广集民智、广聚民意,让老百姓打开"天窗"说亮话,贴心事、麻烦事、困难事,件件事情有回音、有落实。一是把知情权、参与权、决策权还给村民,调动村民自治的主动性和积极性,让农民自己"说事、议事、主事",健全完善村民自治需进一步健全农村基层民主选举、民主决策、民主管理、民主监督的机制。二是提高农民主动参与村庄公共事务的积极性,凸显农民在乡村治理中的主体地位,让发展决策更加公平、公正,凝聚村民共识,凝结村民智慧,激发乡村内生动力,从而推动实现乡村共同富裕。三是要完善乡村矛盾纠纷调处化解机制,加大权力腐败的惩治力度,注重运用智能化、信息化手段,探索建立"互联网＋网格管理"服务的管理模式。

2."法治进村"增强保障,彰显法治主色

法治是乡村共同富裕得以保障的"硬约束"条件,能够保障村级集体和村民的合法权益,妥善处理涉农纠纷,为乡村治理提供安定有序、和谐共融的发展环境。一是深入开展农村法治宣传教育,积极创建"民主法治示范村",持续培育"法治带头人""法律明白人",实现"一村一法律顾问",实现人人知法、人人懂法。二是开展形式多样的法治活动,深入开展"法律进乡村"活动,以"线上＋线下"为主要切入口,全面提高全民普法行动效果,用百姓喜闻乐见的形式宣传法律法规,定期开展法律知识竞赛,将普法行动与积分兑换相结合,提高村民参与积极性,使村民主动参与传播法治文化、弘扬法治精神。三是健全

乡村基本公共法律服务体系,规范农村基层行政执法程序,严格按照法定职责和权限执法,积极推动法治开化行动,推动行政执法权力与力量下沉,构建具有金星特点、开化特色的数字化协同办案模式。四是创新"信用＋"治理体系,推动全方位诚信、全数据入信、全社会用信在乡村落地。

3."十条村规"弘扬正气,擦亮德治底色

德治是乡村共同富裕得以持续的"软约束"支撑,为不同治理主体提供了道德准则,长久地维系和规范着内部行动者彼此之间的关系,在降低乡村治理成本方面具有重要意义。一是要以"十条村规"为统领,弘扬中华优秀传统文化,以村规民约、村民道德公约为自律规范,深入挖掘熟人社会中的道德力量,德、法、礼并用,提倡见义勇为、伸张正义、孝敬老人、爱护儿童,邻里守望相助,遵守社会公德,共建和美家庭、和睦邻里、和谐金星。二是定期开展党员先锋日活动,组建党员先锋志愿服务队,发挥党员先锋模范作用,常态化地开展志愿服务活动,把群众的事当成自己的事,村两委用心为群众办实事,党员在急难险重面前,冲在一线,以良好风貌凝聚民心。三是传承优良家风,发挥榜样先锋作用。开展"最美"系列评选活动,选出身边的道德模范、先进个人、优秀家庭,将弘扬传统道德文化、传承优良家风与社会治理结合起来,让群众有榜样、有样板、有目标,实现了家庭小美聚合成乡村大美的效果。四是加强平安乡村建设,坚决整治群众身边腐败问题和不正之风,常态化、机制化开展扫黑除恶"打伞破网",保障各项惠民富民、促进共同富裕政策有效落实,树立公平正义的文明乡风。

4."未来乡村"赋能未来,打造智治特色

智治是数字化改革过程中应运而生的新型治理手段,是基层善治的智慧保障,金星村通过现代手段让"数据多跑路、群众少跑腿",让基层治理与群众需求同频共振,让发展成果更多、更便捷惠及广大人民群众,不断增强人民群众的获得感、幸福感、安全感。同时充分考虑老年人习惯,推行适老化和无障碍信息服务,保留必要的线下办事服务渠道。一是完善集成金星村"未来驾驶舱"。集成数字治理、数字党建、数字服务三大模块,通过数字治理模块,统计人车流量,方便交通疏导、查看实时监控,做好全村安防等工作;数字党建模块包含了"组团联村、两委联格、党员联户"的交互信息;数字服务模块则是为孤寡老人等弱势群体提供服务的综合平台。二是全面推行"雪亮工程＋平安乡村"视频监控体系建设。在重要路段、关键区域安装高清摄像头,通过"以奖代

补"的方式鼓励村民在房前屋后安装监控终端,对接平安乡村监控平台,有效补充"雪亮工程",构建立体化的镇、村、农户三级分级监控网,实现公共安全防控"全覆盖、无死角"。三是纵深推进"县乡一体、条抓块统",深化"大综合一体化"行政执法改革,迭代完善"基层治理四平台",完善属地管理事项清单。四是纵深推进清廉村居建设。建立集体三资"云管理"、党务村务财务"云公开"、村干部"云监督"乡村数字治理新体系。

第五节 生活富裕,打造乡村共富共享新图景

生活富裕,是实施乡村振兴战略的根本出发点和最终落脚点,是农村广大群众对美好生活的向往和需求,是共同富裕的重要根基。在实现山区县共同富裕道路上,开化要争当公共服务更加优质的先行示范,实现更高水平的幼有所育、学有所教、劳有所得、病有所医、老有所养、住有所居、弱有所扶。展望未来,金星村要把提高民生福祉,实现基本公共服务均等化、促进人的全面发展和社会全面进步摆到更加重要的战略地位,为实现高水平共同富裕夯实社会基础,筑牢共同富裕的公平公正之根基。

一、打造智慧生活整体智治新图景

加快数字化技术、思维、认知在乡村的运用和普及,撬动乡村生产生活生态各领域系统变革。金星村要加快智慧医疗、智慧文化、智慧教育、智慧救助等率先落地未来乡村,提升智能化服务适老化水平,让农民也共享智慧生活。[①]

1. 以数字化生活迭代乡村和睦共治

为推进乡村数字化和睦共治,一是应着眼"互联网＋"全面融入村民衣食住行的生活场域,拓展数字化生活应用,建立数字生活"全景图",推动消费、旅游、休闲、出行等多场景的数字化建设。推动数字化生活服务更加便捷高效,尤其是适老化应用的无障碍化。在智慧生活方面推广农户使用微信小程序等

---

① 王通林.未来乡村如何建设?看浙江"千万工程"再出发,打造共同富裕现代化基本单元金名片[N].人民日报,2002-5-26(2).

付费功能便捷化生活费用"云"缴纳方式。二是着力于健全乡村生活数字化的保障机制。加强微信公众号、数字乡村大脑等村级数字平台建设,推广信息设备使用为乡村数字化生活提供环境支持,以此不断满足村民对美好生活的新期待。①

2.提高数字乡村治理能力以保障民生

"十四五"规划纲要提出了以"互联网＋基层治理"完善数字乡村治理体系的要求。但事实上,农村互联网治理水平仍不尽如人意,互联网基层治理行动力制度建设也亟待提上议事日程。一是提高乡村基层数字化治理意识,突破管理思维的束缚,善用数字技术嵌入农村工作,切实做好村民"数商"建设。二是持续完善互联网基层治理平台。基于"互联网＋村级公共服务"的乡村治理信息化,把"点""线""条""块"无缝融入村务治理的这张"网",形成信息共享、协同管理、优质服务的互联网基层综合治理系统。三是融合多元主体参与数字化乡村治理,鼓励区域内村民、企业和其他社会力量参与乡村建设,提升基层群众参与数字治理的行动力,为互联网基层治理注入新动能。与此同时,利用网络技术疏通多向互动渠道,使互联网社区迭代本地资源整合成为数字化民生的常态化方式,更好地满足村民数字化利益诉求,以增进村民民生福祉。

二、打通乡村共享服务"最后一公里"

农村公共服务供给不足是城乡发展差距的重要短板。为此,要以未来乡村建设为契机,加快推进城乡基本公共服务均等化,打造好基础设施、住房、医疗、养老、卫生、教育、文化等公共服务场景。

1.补齐农村基础设施短板

推动农村基础设施提档升级,避免供给缺位错位,切实提高农村基础设施供给质量和水平。

一是病有所医,实施医疗卫生"山海"提升工程,深化"医共体＋医联体"平台建设,统筹推进基层医疗卫生机构补短板工程,提高基层医疗机构就诊能力;聚焦卫生健康整体智治,打造"健康大脑＋智慧医疗＋未来乡村/社区",实现群众全生命周期看病就医"一件事"数字健康服务。

---

① 陈桂生,史珍妮.面向共同富裕的数字乡村建设:基于"做大蛋糕"与"分好蛋糕"的分析[J].行政管理改革,2022(7):25-34.

二是学有所教，打造"学自开化"品牌。全面深化融合型城乡教育共同体建设，积极推进集团化办学、学区化治理，全面推进"互联网＋教育"中小学校结对帮扶工作，促进城乡教育优质均衡一体化发展。

三是幼有所育，推动学前教育普及普惠安全优质发展，完善学前教育布局规划，实施普惠性幼儿园扩容工程和农村幼儿园补短板工程，推进公办幼儿园提质扩面。

四是老有所养，全面建立以空巢、留守、失能、重残、计划生育特殊家庭老年人为主要对象的居家探访关爱制度，健全农村留守老年人关爱服务体系。实施居家养老服务中心建设工程，实现乡镇（办事处）服务中心、"共享食堂"及助餐配送餐服务全覆盖，建成设施配套、服务健全、方便快捷、惠及广泛的居家养老平台。

2.增进民生福祉，创新高品质人民生活

一是更新理念，提升服务引领发展意识。要构建有利于推动高质量发展的行政服务机制，把推诿扯皮的事情从体制机制上彻底理顺，探索出推动高质量发展的模式和经验，持续开展"乡村振兴服务再提升"活动，全面推进"放管服"改革向乡村延伸，强化主动服务意识，提高主动服务能力和水平，做到真担当、真服务、真有效。开展科学的"差异化"绩效评价，推动有效市场和有为政府更好结合，全力打造长期稳定可预期的乡村振兴环境，赋能乡村振兴[①]。

二是创新方式，打通精致服务"最后一公里"。切实推进乡村全过程民主实践，进一步完善村民议事、听证等程序，建设群众诉求联络员队伍，健全居民诉求回应联动机制。供需对接，接续选派驻村第一书记和工作队，紧密联系当地群众，组建专业化、现代化的乡村管理团队，健全各种现代社区支持工作方式。统筹三级服务体系，加大乡镇便民中心建设力度，加快村级公共服务综合信息平台建设，建立以民生需求为导向的赋权机制，坚持零距离服务，为乡村群众提供"一站式""全领域""高水平"精致服务。

三是汇聚合力，构建全社会参与乡村振兴的工作格局。以共享理念整合资源，扎实推进巩固拓展脱贫攻坚成果同乡村振兴有效衔接，坚决防范规模性返贫，携手社会力量建设"服务乡村振兴共同体"，培养与吸引更多人才、资金、

---

① 郑瑞强，郭如良.促进农民农村共同富裕：理论逻辑、障碍因子与实现途径[J].农林经济管理学报，2021，20(6)：780-788.

技术等要素进入乡村振兴相关领域,鼓励丰裕社会资源精准高效参与乡村振兴,将解决城乡差距、收入差距作为主攻方向,将资源更多向困难群众倾斜,依据乡村发展的阶段性矛盾,引导形成多元共治格局。通过共建共治共享,破解乡村普遍存在的要素流失、农民主体缺位、内生能力不足以及政府或资本单边主导引致利益失衡、矛盾冲突的困境,形成"共治保共享、共享促共建"的良性循环。

3.精准对接乡村居民差别化诉求,优化乡村公共服务供给

关注不同阶段农民利益诉求的变化,合理区分不同区域社会中的农民类型及利益诉求差异,进一步提高农村基本公共服务的资金保障能力,不断优化农村基本公共服务项目设置,建立健全农村基本公共服务项目监管长效机制。做深做实乡村公共服务供给改革文章,通过市场化方式在特色产业、乡村旅游、污水垃圾处理等领域吸引社会资本尤其是工商资本参与乡村建设和社会化服务等,充分发挥公共服务的市场接近与空间生产效应。

三、打造未来乡村应用场景

金星村未来乡村建设以"基层党建治理"为统领,以"社会治理、公共服务"为主轴,围绕"产业更旺、集体更强、村庄更美、村民更富"的目标,以一区(国家4A级景区)、三地(两山理念转换的实践地,乡村振兴的示范地、共同富裕的样板地)为定位,大力打造人人有事做,家家高收入的综合型未来乡村。

十大未来应用场景分别是:

一是打造未来邻里场景。通过新建邻里中心、提升党群服务中心,构建集互动交流、文体娱乐、协商议事、办事服务为一体的邻里交往空间;加大对低收入群众、残疾人、孤寡老人等特殊人群帮扶力度。

二是打造未来文化场景。依托乡村振兴讲堂,打造党建文化阵地,以党史学习教育为契机,开展形式多样的学习活动,营造浓厚党建文化氛围;打造共享书屋、共享礼堂、托幼之家,建立金星舞蹈队、棋牌队、书画组等形式多样的活动社团,提升村民生活质量和品位。

三是打造未来健康场景。打造健康小屋,提升医务室人员与设备配置,搭建远程网络诊疗、慢性病监测平台,让村民享受优质医疗服务;倡导健康绿色的生活理念,常态化开展爱国卫生运动,增设健身器械;为80岁以上老人配备智能手环,提供健康动态监测等智能服务。

四是打造未来低碳场景。推进垃圾分类回收工作,减少村内民宿、农家乐一次性用品使用;推行低碳节能的设计理念,突出水电资源的循环利用、环保健康建材的使用;倡导绿色生活理念,将低碳可持续纳入村规公约、信用兑换体系。

五是打造未来产业场景。不断提升金星村培训接待服务规模和质量,做大做强会务经济、培训经济;整合花牵谷景区区位优势,以景区的发展带动金星旅游品牌知名度的提升;扎实推进金星村民宿(农家乐)助推乡村振兴改革试点建设,全力打造集餐饮住宿、休闲度假、康体养生等为一体的大花园民宿典范村;充分挖掘资源禀赋,开拓电商直播等新产业,不断提升产业深度,拓宽金星农产品销售渠道。

六是打造未来风貌场景。推进规划、设计、风貌一体化设计,新建、改造项目注重村庄整体风貌协调;通过提升农村生活污水处理能力、加强家禽养殖、菜园地管理等手段进一步改善乡村风貌;推进园林绿化升级,优化空间搭配。

七是打造未来交通场景。在金星村"五纵四横"的整体规划的基础上,进一步完善道路、停车场等基础设施建设,让村民出行更方便、游客游览更舒心;打造郁郁葱葱的生态廊道,建设舒适宜人便捷的慢行网络;各自然村道路全部实现白改黑。

八是打造未来智慧场景。建立标准化、共享化的 5G 乡村智脑平台,为乡村数字化改革提供支撑,打造智慧党建、智慧导览、智慧文旅、全域大数据等全场景应用;实现所有自然村 5G 移动网覆盖,深渡自然村实现免费 Wi-Fi 覆盖。

九是打造未来治理场景。完善矛盾纠纷调解机制,坚持"小事不出村,大事不出镇,矛盾不上交,就地来化解";依托乡村智脑平台,建立水位监测、违停管理等实时监测系统;完善民主决策、民主监督等制度,在村级事务管理中汇聚群众智慧。

十是打造未来党建场景。强化党支部的领导核心地位,持续加强党支部建设;加强党员队伍建设,开展党员志愿服务活动,增强党员服务群众、服务发展的能力;扎实推进"清廉村居"建设,营造班子清廉、干部清正、村务清爽、民风清爽、干群亲清的良好氛围。

本章小结

展望未来,金星村共同富裕要以产业为基,加快发展富民产业为乡村共富夯实根基;以生态为本,建设宜居村庄为乡村共富增添生态底色;以文化为魂,大力弘扬乡土文化为乡村共富注入灵魂;以善治为要,推动乡村共富共治新升级;以民生为重,奋力打造乡村共富共享新图景。

思考题

1.金星村共同富裕未来发展该从哪几个方面发力?

2.如何处理农村产业发展与生态文明之间的关系?

3.共同富裕既追求物质富裕,又追求精神富裕,如何能够实现生活和精神生活都富裕?

拓展阅读

1.习近平.扎实推动共同富裕[J].求是,2021(20).

2.徐凤增,袭威,徐月华.乡村走向共同富裕过程中的治理机制及其作用——一项双案例研究[J].管理世界,2021,37(12):134-151+196+152.

3.中共浙江省委党校.共同富裕浙江先行案例[M].杭州:浙江人民出版社,2022.

附录一　金星村调研访谈方案

一、调研说明

金星村调研以实地调研、口述访谈为主，将选择金星村部分村民，通过金星村发展亲历者的第一视角，来还原金星村在总书记关怀下实现共同富裕的发展轨迹。除开展一定范围内的口述访谈外，还将收集金星村相关文件档案材料，为后续书稿写作提供素材与依据（见材料清单）。

二、访谈方案

课题组根据书稿主题，确定调研对象范围，列出访谈提纲；同时需与金星村对接，由金星村提供具体访谈人员名单。访谈提纲形成后可根据村两委、访谈意见进行修改。正式访谈将以半结构化访谈为主，可采取对话或自述两种形式，访谈时全程录音。为节省时间，也可以采用座谈会的形式展开访谈。访谈成稿之后，课题组梳理稿件，对存在的问题、遗漏之处或者待补充的地方，可采取增加采访、增补资料的形式来补充材料。

（一）访谈主题

在掌握金星村基本情况和主要村史的基础上，以共同富裕为主题，结合我国农村发展的关键点、金星村发展的关键点和重要事件、访谈对象经历，有针对性制定不同群体的访谈提纲。

（二）访谈对象

1. 村干部：含村支书、村委主任等；
2. 党员群体：村里的党员代表；

3.原乡民:原住村民(农林业、炒茶、民宿)、乡贤;

4.新乡民:外来迁入人员或外来务工人员等;

5.上级民政、宣传部门人员等。

(三)各类人员访谈提纲

1.村干部(村支书、村委主任以及其他干部)

● 共同富裕

(1)请您简单介绍一下金星村的发展历程。在发展过程中,具体可以分为哪几个阶段? 每个阶段都有什么样的特点?

(2)在金星村的发展过程中,摸索出了怎样的发展思路和治理模式? 有何特色的治理手段或方式?

(3)国家政策对金星村的发展有何影响? 金星村如何借助政府的政策来实现共同富裕?

(4)村里有无比较突出的人才? 对村民有无起到带动作用?

(5)金星村在带动本村村民,甚至周围村落的共同致富上,探索出哪些特色路径和对策? 对困难群体有何帮扶机制? 取得了什么样的成效?

(6)"富口袋"还要"富脑袋",金星村在推进全体村民的精神富裕上做过哪些努力?

(7)金星村有哪些惠民富民的制度? 如何让村民享受到共同富裕的成果?

(8)您认为村里生态环境保护给村里带来了什么变化? 生态环境保护与乡村振兴的关系是什么? 在生态环境保护过程中,遇到的困难有哪些,原因是什么,如何克服? 村民对环境保护有什么意见或看法?

● 关于治理结构与制度安排

(9)金星村治理工作开展的总体情况(各项工作、服务、创建工作)。

(10)金星村目前的治理手段与之前(某个节点)相比有什么变化? 出现这种转变的原因是什么?

(11)金星村的治理对于金星村发展有何作用? 达到目前治理水平的关键是什么?

(12)请您谈谈村两委班子、村干部队伍的建设情况,村两委班子在金星村治理中扮演了什么样的角色? 村两委的职责分工是怎么样的? 如何协调村党支部和村委会的关系?

(13)村里的重大事项如何讨论决定?

（14）村干部是如何选举的？主要通过什么方式？

（15）如何保障（提升）村干部的素质？是否会组织干部参加培训？主要是什么形式、内容、频次？

（16）村干部会参加政府组织的相关培训吗？一年几次？一般培训的内容是什么？培训对村内工作是否有帮助？

（17）介绍一下民情档案，以及发挥的重要作用。（村里就按照"一村一册、一户一档、一事一表"的标准建立民情档案，并且每周一日定时进行民情沟通，不管是大事小事，一律全程服务。）

（18）目前，金星村在发展和治理中遇到的最大的挑战或者障碍是什么？

（19）谈一谈未来金星村治理的想法和展望。（如何提升金星村治理水平、未来的具体措施有哪些？）

● 党组织与党建工作

（20）党组织在村经济建设、引领村文化社会变迁方面做过哪些工作？

（21）村内党建工作的成效有哪些？亮点有哪些？目前党建工作存在的问题和遇到的困难有哪些？

（22）请介绍下金星村的特色党建工作，如连心服务队、党员网格联户包事制度等实施情况。

● 参与治理、矛盾纠纷处理

（23）村民参与治理的情况如何？如何激发村民的主体意识，调动村民参与集体管理的积极性，鼓励村民投身公共设施建设中，表达自己意见，让村民了解到自己的有关权利和义务？

（24）村里有哪些村民议事协商的形式或者活动载体？开展情况如何？取得了什么样的成效？请举例说明。

（25）村里有哪些发表诉求的途径（民意表达机制）？建立了哪些平台或者渠道？

（26）村里矛盾纠纷如何处理？建立了怎样的矛盾纠纷处理、调解机制？如何做到小事不出组，大事不出村，矛盾不上交？

● 监督机制与村务公开

（27）村干部如何接受上级领导、群众评议，群众如何监督？

（28）村务决策公开、财产管理、工程项目开发等如何进行有效监督？举例说明。

（29）村务公开制度如何？具体有哪些完善党务、村务、财务三公开的制度或举措？实施效果如何？

（30）村里如何落实监督机制？有无遇到阻碍？

● 集体经济与经营管理

（31）土地改革的基础和背景（土改前的土地经营情况、家庭经济情况等）、过程和经历、结果和影响（对村集体的影响、对党的认识、对家庭经济的影响等）。

（32）改革开放后,家庭联产承包责任制开展情况（如何开展工作、土地分配方案、村民的接受度、党组织的作用、村内经济情况等等）。

（33）村里集体经济发展情况如何？有什么保障集体经济发展的措施？

（34）村集体经济发展面临的困难有哪些？这些困难的成因是什么？如何才能克服？

（35）有部分村民原本在外务工,现在回村创业,您觉得最主要的原因是什么？村里有没有吸引村民回村的政策安排？（许多农村青年外出务工,而金星村村民从进城到返乡的转变的主要原因是什么？）

（36）新乡民对金星村有何影响？金星村对新乡民有何政策？

● 社会组织与公益事业

（37）除了村委会,村里有没有建立其他的自发性的社会组织,请介绍下运行情况,说明一下这些社会组织在村级治理中发挥了什么样的作用。

（38）村里现在有哪些福利制度？对于老年人、残疾人、特殊困难群体有无照顾、帮扶政策？

（39）村里的公益事业发展状况（养老、医疗、教育）。

● 村规民约与文化建设

（40）目前村里的村规民约是如何制定的？具体包含哪些方面的内容？村民对村规民约的态度如何？是否都能自觉遵守？如果有违反,会有怎样的措施？村规民约对村民的约束力如何？

（41）村里有哪些文化活动？建立了哪些文化设施？效果如何？能否满足村民的文化需求？

2.党员群体

（1）入党后,参与过村里的具体事务吗？比如,您有无参加金星村的"连心服务队"？主要负责什么工作？

（2）入党后,政治学习和组织生活的情况。

（3）您认为党组织（党员）在金星村治理中有什么作用？

（4）是否发生过您个人利益与集体利益相冲突的事情，您是怎么做的？（如何贯彻党员共识与服务理念？）

（5）您认为村规民约起作用吗？党员在遵守村规民约方面的表现如何？有无典型的例子？

（6）您认为党员在农村应该起到什么样的作用？

3. 原乡民

（1）询问基本情况（工作、年龄、主要经济来源）。

（2）您认为这几年金星村有何变化？这些变化对您的生活有什么影响？

（3）在您眼中，金星村的两委班子、党员群体在金星村的发展过程中扮演了什么角色？

（4）村里有哪些发表诉求的途径？村干部做决定之前会征求村民意见吗？村里哪些人能影响到村里的事务决策？

（5）村里有很多人创业，或是之前外出工作的现在回家就业，您对此怎么看？（您为何选择回村创业？村里对您创业是否有提供过帮助？）

（6）您是否了解村集体经济情况？最初是如何发展起来的？村两委在其中起到了什么样的作用。

（7）您有无参加过金星村的治理工作？如果有，通过什么途径？以什么样的方式？村内工作会影响您的经济收入吗？如果没有，将来是否愿意参与？

（8）您对村里的乡风文明建设怎么看？村里有哪些文化活动？

（9）您了解金星村的村规民约吗？您是否参加过它的修订工作？村规民约对您生活有什么影响？

（10）您对金星村未来发展有什么期望？

4. 新乡民

（1）请问您目前在金星村从事何种行业？您是何时过来金星村生活/工作的？

（2）您是如何了解到金星村的？对金星村有何初始印象？在日常生活中对金星村感受最大最深的一点是什么？

（3）请问您留在金星村生活工作的理由是什么？有无定居金星村的打算？您对金星村未来有什么期望？

（4）在您眼中，金星村的两委班子、党员群体在金星村的发展过程中扮演了什么角色?

(5)金星村有无针对新乡民的政策? 具体表现在哪些方面? 您是否享受过这些政策? 或者,在金星村工作生活的这段时间,村干部、村民给予您哪些帮助?

5. 上级部门(民政、宣传等)

(1)××部门给予了金星村哪些支持(政策、人财物资源)?

(2)××部门与金星村在农村发展、治理过程中有哪些双向联动工作?

(3)金星村在当地农村治理中有什么特点? 处于什么水平? 对当地其他村镇有无带动作用? 具体体现在哪些方面?

(4)金星村在村级治理、共同富裕上有和值得借鉴、推广的特色做法?

(5)有无在当地推广金星村的治理、发展经验? 具体的做法有哪些?

(6)您认为金星村达到今天的发展水平,最关键的原因是什么?

(7)"金溪画廊"乡村振兴党建示范带、典范村工程等实施效果如何?

(8)您认为影响我国村级治理的因素有哪些? 其中最关键的影响因素是什么?

(9)未来推动金星村进一步发展(或是推动当地农村进一步发展)的举措或政策。

三、材料清单

1.金星村村史相关材料:村史、大事记等。

2.金星村的行政区域变化相关材料。

3.村干部任免、考核、换届相关材料。

4.金星村管理制度相关材料:村务管理、信息公开公示、外来人口管理、土地改革、林权制度改革等。

5.金星村共同富裕建设情况。

6.金星村生态环境整治相关材料。

7.金星村乡风文明建设相关材料:村规民约、文化活动、文化设施建设等。

8.金星村创建示范村、旅游村等材料。

9.金星村接待参观相关材料。

10.金星村村委会会议、村民大会会议记录。

11.金星村产业发展相关材料:农林业、民宿产业、电商产业等。

12.金星村人均收入、经营管理、工程建设等材料。

13.金星村人口统计年报。

14.村民民意调查材料。

15.党建相关材料:党建制度、党员活动材料、党课材料、连心服务队等。

16.市、镇政府下发的有关政策性规定、意见、通知。

17.上级规范基层治理的文件等。

附录二　访谈记录

金星村老书记郑初一、村主任徐雨录访谈

访谈时间：2022 年 3 月 31 日下午

访谈地点：金星村村委大楼

访谈对象：郑初一（金星村老书记）、徐雨录（金星村主任）

访谈人：辛金国　郑军南　冯雅

整理人：郑军南　　冯雅

访谈组：我们主要想了解下村里共同富裕的发展建设情况，梳理一下金星村从新中国成立后到现在的历史，比如说经过三任书记村里的变化。

答：我们的支部最早可能是在 1950 到 1955 年间成立的，第一任书记就是徐海田。从一九六几年到七几年里有一段时间，他到乡里去工作了，就由副书记许水法主持村里工作。前后大概有七八年时间，后来徐海田重新回来。大概 1965 年，他就带领全村村民陆续上山开始造林。每年都是这样子，大年初一就带领全体群众上山，每个人都去，不管下雪还是下雨。除了植树造林，徐海田还开始制定储备粮制度。按月分粮效果很显著，最后达到每年要分 24 次粮食。有些人不会当家，一年下来就差一个月的粮食，连着一个月饿下来肯定不行。但是如果分了 24 天去饿，一年摊开来基本上是一个月饿一两天了，这样就饿不死。他想出这个办法很有效果。最后我们储备粮达到了 40 多万斤。后来到 70 年代的时候，生产队里分红就很高了。

访谈组：第二任书记呢？

答：第二任书记是徐渭生，现在的村主任徐雨录的父亲。他上任后开始在村里建大寨，其实这是第一任书记就开始打下的基础。第二任书记徐渭生主要的工作包括修了一座桥，修建三纵四横的农田基础设施，村庄防洪堤修2000米，发展茶叶等。我们村的茶叶产业是在他任上手上发展起来。从1991年开始，徐书记自己带头种。他一家没有这么多承包地，就将村集体的一块河滩地进行了改造。他种了之后，大家跟着做的人就很多了，慢慢使得我们村经济发展变好了。原来我们的土地易涝，排水不畅，他就把农田基地全部建起来，实行全灌区排水。这样老百姓拉稻子、拉稻草就可以实现机械化，拖拉机就可以下去了。

访谈组：您作为第三任书记，上任后主要做了哪些事情？

答：徐渭生书记卸任后，由于我对业务比较熟悉，就让我接任村书记了。第一个工作就是搞好村班子的建设。当时我就想到支部团结很重要。所以我就定了一个制度，每天晚上村干部两委班子，包括会计、出纳，吃饭之后都集中到村委大楼，大概坚持了三年左右。一方面，我感觉到晚上在一起学习，效果是非常好的；另一方面，坚持下来以后，有什么事情也可集中到这里协商解决。村民有事情到办公室来，我们干部都在这里，一条龙服务非常方便。当时就搞了这么一个制度，实际上也是一种制度改革与创新。

另外，我们村里的老百姓为什么上访这么少，虽然有村民对上面的办事流程不熟的缘故，但主要是所有的事情都由我们代办的，包括批小孩（生育）、批房子、批采伐证等，所有要找乡政府镇政府去审批办的，全由我们村干部给代办好。所以老百姓跟上级政府一般不发生直接关系，根本就不会到镇政府去闹事、去上访。

第二个主要的事情是村庄建设。2016年之前可能是按部就班的，一年有一个项目我就做一下。到2016年的时候"大干三个月"，这是我们省政府号召的。2016年6月1日到8月底，我们三个月里面就干了20多个项目。那时候，我们改变了主体风貌，以浙派的形式将村庄建成白墙黑瓦花格窗，风貌做了基本的统一。红楼很少，老学校一点点，其他都是黑瓦了。三个月里面一共重建了12个公厕。其他自然村我们都建议全部改公厕。那个时候厕所革命是很困难的，虽然困难，做得很繁琐，但厕所革命实施彻底。现在农村里的公厕走进去，和城市已经没有差别了。

还有垃圾革命。1998年的时候，我们村里就建了8个垃圾池。之后还有一个污水革命。无论是卫生间的、洗衣服的、厨房里的，我们都全部用污水管集中处理了。为什么现在村民不能够接受养猪？第一个是我们宣传到位，我们村干部工作做到位。我们把这个村里搞得这么干净,已经搞了若干年了,村民已经习惯干净,自己就会感觉到养猪不卫生,会影响别人了。习惯改变是最难的,但我们做得很成功。例如,有个村民家里也养一些猪。为了把猪栏拆掉,村主任亲自上门劝说,让村民把养猪场搬掉。新建的养猪场里面没有电了,我们也跟供电部门商量,叫供电部门的党员来做业务。

还有一个庭院革命。当时我告诉村民为什么要搞卫生,我说现在我们村里道路这么干净,家里院子里也要搞干净。院子里不搞干净,村道上搞干净是没用的,家里房间也要搞干净,厨房也要搞干净,包括床铺衣服都要弄干净。只有这些都干净了,年轻人娶媳妇就好娶,人家到我们家里去看得也舒服,民宿也就好办了。我们也到县里请了东方大酒店的老师过来教学,教村民摆碗、搞卫生,教村民欢迎客人。有好多的庭院现在都非常漂亮,所以今年也安排了四百万的资金,去改造庭院。这个也是新农村建设里面的一部分。公共场所这么漂亮,庭院难看,新农村建设同样也是不成功的。

此外,还有一个工作是2008年的林权制度改革到户。这项工作做了14个月。山是很难分的,有远的、有近的、有高的、有低的,有土质好的,有土质差的,又不好去量,但又要分的合理、公平、公正。每个人口可以分这么多山林,相差多的话就差好几万块钱,老百姓肯定吃亏不起。我记得当时为了这个事,开了70多次会议。当时开会就商量,由每个生产队自己选出参加林权制度改革的代表。每个生产队选2个,这14个代表来想办法怎么分。当时定了80多个政策,全部都很规范的,政策弄好之后,就按照政策去办。这么大的山、这么大的面积,就是靠我们生产队代表做记号用各种办法,全部都分好,到现在为止矛盾很少。

访谈组:村里的民宿是怎么办起来的?

答:我们原来收入有三方面,外面务工,本县范围搞二、三产业,种树种粮食种田。现在出现第四块,就是从2016年下半年开始,庭院搞得这么漂亮,市委书记到我们村里来看得很满意。市委书记问我,他说这个村搞得这么漂亮用来干什么?所以我就想办法,乡村旅游别人搞,我们也试试看。像徐卫团,我想他头脑很灵光,他这个房子的地理位置也很好,条件确实是可以,我就想办法让他带个头。他说可以,但是没钱。所以后来我借他8万块钱,村主任借了12万块现金,我们两人凑起来20万块钱给他。民宿开起来以后,第二年就赚到了,大概最多的是30来万块。之后,他整个人就改变了很多,积极性很高,我就把他拉在村里当监委会委员。我和他说,你也去参与村里管理,管垃圾,管环境卫生。我说你要开店,要做民宿,首先村里环境漂亮客人才能来。他管了两年,管得非常好。后来他就写入党申请书。所以说,他也是个典型,原来的一个普通村民现在变成了一个民宿店主,而且还当了村干部,入了党。

访谈组:现在村委班子是怎么合作去做一些项目的?协作模式又是怎么样的?

答:现在我们合作模式是这样子的,一般大的事情,书记主任几个人先商量提议,然后两委商议,最后通过村民代表大会决议。现在村干部是要有水平的,还要年轻有文化。现在建设未来乡村、数字乡村,没文化是没办法胜任的。以往换届都是以换届成功为目的,选举成功就好了,不管后面的事情。但其实要去培育一批真正能够领导村庄建设、能够驻村的干部,是比较困难的。我们现在基本上本村的人已经挑不出来了。怎么样能够使本村能干的村民脱颖而出,或者是这种选拔机制。比如,工资待遇、村干部专业教育等都需要配套,否则确实会很难的。

金星村老书记郑初一党建联盟访谈

访谈时间:2022 年 5 月 17 日晚
访谈地点:金星村隐乡民宿
访谈对象:郑初一(金星村老书记)
访谈组:郑军南　冯雅
访谈整理:冯雅

-·-

访谈组:请您介绍下党建联盟的建设情况,如党建联盟如何运行? 有何效果?

郑初一:建设党建联盟最开始是小范围的,党建加产业就是共富联盟。联盟最大的效果,比如说 2020 年 11 月 1 日我们换届了,换届之后都是新的书记一肩挑。但新书记的工作,一下子还不能全面展开。我就通过党建联盟把大家召集起来,一个村一个村过去,或者把大家集中起来,教他们包括怎么开会,当书记需要做的第一件事、做哪些事情会碰到哪些困难,怎么做好党务工作,等等。实际上起了导师帮带的作用。导师帮带是最重要的。我也到很多乡镇,给新换届的一肩挑村干部去上课,去讲解。到了 2021 年 3 月 5 日,也就是我退休那一天,开化县委党校、组织部举办全县的支部书记培训班,开课的时候叫我去讲一堂课。这堂课应该说效果是非常好的。上了之后，陆陆续续有好多的乡镇、村另外单独请我去解决一些具体工作上的困难。这种形式，我们就叫导师帮带。

第二个，就是联盟的几个村的支部里面实际操作的事情。比如说，华埠镇有个村书记是自己主动拜我为师的，当时还不是组织部指定的。通过电话或者请我到实地去帮他，效果是非常好的。比如，村里要建 4 公里公路，算是大工程。我帮他之后，从质量、进度、项目资金等很多方面来看，效果都不错。所以他一直有什么事情都在我这里咨询。还有其他很多村也是这样子。

第三个，比如说华东村土地征迁。土地征迁对农村干部来说是最大的一个难题。华东村这个书记是市委组织部明确了我们是师徒关系的，有证明的。比如说开化第一家上市企业，华康企业的职工宿舍需要征用他们村里的土地，造职工宿舍大楼。我也去做了许多工作，教了他们很多的征迁方法，最后征迁工作在最短的时间里全部完成。此外，还包括 205 国道拓宽等，这些工作全部我帮助他们一起做，最后也都顺利完成了。

其他方面，比如一些较大的规划项目，我们也通过党建联盟来解决一部分问题。比如说巨型稻项目，部分村有旅游项目的，我就给他们解决巨型稻种子、技术问题。比如说下茨村，还有远一点的村，像义乌的一个很有名气的村，村书记跟我是老朋友，他前两天过来，我帮助他解决了 10 亩土地种植巨型稻的问题。他们那个村旅游业发展是非常好的，稻子也给乡村旅游带来了很好的效果。因为游客很喜欢看，人还可以在那个稻田下面走过去，也可以养鱼。联盟对我们乡村旅游这一块帮助效果挺明显的。

访谈组：联盟中的联席会议是指什么？

郑初一：比如省委的党代会、市委的会议，我会第一时间给大家传达。有的时候，比如说华东村或者其他村遇到什么困难，我会请华民村、下溪村的几个书记一起过来，去解决新的书记解决不了的难题。何田乡虽然不是在党建联盟里面，这个乡里面只有 10 个村，但有 6 个是新书记，4 个是老书记。乡镇党委书记就请我去和大家一起交流学习。比如说有一个老书记当了很多年了，他发现村里有好多事情完全是合理合法，也是应该办的事情，但是在两委会里面就是通过不了，不能够统一。那是为什么呢？是应该办的，也是老百姓欢迎的，也是很需要做的，为什么两委统一不起来？我说，说明你这个会议没开好，方法不对。之所以统一不起来，就是领导班子不和谐不团结。比如说两委成员里面有 7 个人，最多也是一两个跟你合不来，还能争取 5 个，那你首先会前就要准备好,一个一个和成员说,把这些思想都跟他们说清楚。然后,你选一两个想法一致的村委,把问题抛出来了,这两个村委马上就会接你的问题,那其他还有几个人接上去,剩下的一两个就不起作用了,所以看起来这么难的事情,在会上真的是3分钟到5分钟就可以解决了。后来他们到我们村来拜访,他说这种很简单的办法之前都没想到,而且他们已经当了很多届了,也没想到这个方法。

像现在这样子,我们县内的、市内的,还包括新疆、内蒙古、四川、安徽、江西的,外省区市的党建学习培训到我们村里来,都会叫我一起交流上一堂课。有次,新疆的那批客人非常匆促,交流了之后没时间叫我上课,就是在一起稍微说了几句话,相互交流一下。四五十个支部书记围在那里聊来聊去,越问越感兴趣。所以我们感觉到很简单的事情,但是有一部分同事没干过,即使他水平高,文化程度也很高。有些东西交流以后,他们感觉到是非常实用管用的。所以说,党建联盟像一个平台,有困难可以一起破解,有矛盾我们一起去帮忙解决,有新的思想,新的会议精神,我们也能以最快的时间去宣传贯彻。最难的还是基层治理这一块。比如说,现在村里从新中国成立以来到今天为止,没有一位村民去上访,这个并不是因为运气好、村民老实,而是我们从小事情里、从点点滴滴里面就把基层治理做好。但是我们自己会做,却不会总结经验方法。

村里道路规划在1977年第一任书记的时候就请小学老师画好了。再比如,村里为什么没有矛盾,最主要的原因在哪里?我们从新中国成立以来到现在为止,所有的大小村干部都不插手村里的工程。这一块就完全可以显现老百姓对两委干部的信任。有了信任之后,有好多工作无论是做得好的,还有没做好的,村民会更加理解一些。如果说村干部在村里赚了很多钱,你说得再好,做得再好,村民心里也有可能不平衡。我们这一点做到了,即使村干部事情没办好,也是我们水平问题,但是村民不会从骨子里恨你。所以类似这些工作经验,组织部给我们总结了一句话,"一张蓝图绘到底、一项规矩抓到底、一个关爱贯到底、一份和谐守村里"。

再比如,市委提出了"衢州有礼",我们提出了"礼遇金星"。这4个字虽然很简单,但是我们去分解、去实施,对农村基层治理效果是很大的。一个人有礼貌了,村里就和谐,经济发展、乡村旅游等其他的事情就好做了,村干部也好当。我们的垃圾革命、污水革命、厕所革命、庭院革命没有"衢州有礼",是实现不了的。垃圾干净了,污水也处理了,特别是我们这个厕所革命、庭院革命的效果都看得见。

访谈组：联盟有哪些运行机制，比如说我们在材料中看到一个契约化的签约方式，这个是指什么？

郑初一：这个形式起的效果目前还不明显，也没有明确任务之说。比如我们县委书记、县长包括常务副县长，还有镇党委书记，就整个大金星共富联盟的会议也开了好几次，也提倡做一些事情。今年呢，本来都想动动脑筋怎么弄。但后来因为疫情，联盟这些事情也没有落实下来。比如说大金星联盟，上级部门还给我们提出一个要求，以培训产业来带动联盟周边村的民宿和农家乐。省里徐文光副省长以及原来我们市里的老书记都提了要求。把培训产业放在大金星共富联盟，就有了人流量，几个村里面的农家乐、民宿就能够开展起来。以培训作为一个产业，来带动周边的民宿及相关产业的发展。现在党建培训中心也已经建好了，今后就会带动其他方面。此外，我们还有研学产业。

访谈组：那培训场地主要涉及哪些区域？党建联盟有无涉及数字化相关的？比如说一网通，或者建立大数据平台等等？

郑初一：场地主要是以金星为主，再带动我们这一片。因为如果光金星这一个地方还是不行的，研学一次几百上千人，我们一个村肯定接待不了的。数字化这一块，我昨天问了一下，好像三四百万元资金已经投下去了。比如说景区的门票、附近的农家乐民宿、景区等都可以在线上找到。另外，党员联户也在线上可以找到了。现在一码通平台上已经有一些内容了，这个也算是共富联盟的一项工作。

访谈组：党建加产业就是共富联盟，那现在有没有做招商引资这些？

郑初一：说党建联盟也行，像我们目前党建联盟真正起到作用的就是解决实际上的一些工作问题，导师帮带效果应该是比较明显的。实际上党建联盟也会带来共富联盟，像村集体收入，我们通过一些交流一些帮助，也能够带动村里的经济收入。在设想里，比如我们村里跟开化国资里面的城投合作建房子以及建筑物，也是把下溪村、华东村、华民村一起并过来。大家投资一些钱，到时候一起分红。现在协议已经签了一年了，我们一直想从村集体收入这一块入手。像华民村搞一个农贸市场，是国企投资的，到时候我们几个村可能会投一点钱，这样也能够有一点收入，但现在它还没实现。

访谈组：其实还是以党建为基础，在这个基础上再去促进共富，或者说两个其实应该是互相促进的？但是党建、整个村的治理先搞好，才能够一心一意地去发展产业。这些事情没做好,修条路也修不下去,茶叶也做不下去。

郑初一:是的,比如说华康要建厂房,要建宿舍,就要征用土地,如果说这些土地不能够供给,这些东西就建不出来,对公司就有影响。企业没做好,就没有税收了,好多老百姓就不能够去做工了。企业好了,就业就好了,最后税收就有了,税收有了,那我们当地经济就能发展。道理很简单的,但如果说我们不帮助企业把这些前面的事情解决好,后面这些东西就都没有了。

金星村村主任徐雨录村委工作访谈

访谈时间:2022 年 5 月 17 日下午
访谈地点:金星村隐乡民宿
访谈对象:徐雨录(金星村村主任)
访谈人:郑军南　冯雅
整理人:刘昱　冯雅

访谈组:请您谈一谈金星村在几任书记的带领下,村里怎么发展,怎么治理,我们的村两委怎么带领村干部,带领我们的村民发展的一些情况。

徐雨录:我们从 1985 年开始有会议纪要,我可以带你看看有些资料。原来我是在村里当会计,郑初一当了 22 年书记。徐海田书记那个时候的工作,主要是上山植树造林,正月初一都上山。大家一起去植树造林,形成了习惯。那个时候荒山很多,然后就是村两委让村里劳动力全部上山,大家都是自愿的,不计工费的,是义务的植树造林。大概是到 1974 和 1975 年,那个时候开始实行储备粮,每个生产队都有个粮食仓库,还有一个仓库保管员。那个时候全村有 40 多万斤储备粮,每个承包组有几个粮食仓库。在粮食很紧缺的时候,我们这里都是外借粮食。徐海田书记的经营理念很好,他把稻子借给附近的村,来借 100 斤稻谷,一般借出去 98 斤,还回来是 100 斤。各家各户分田到户之前都是这样,除掉缴公粮的,剩余的放在仓库里面。如果确实有些人饭量好,也可以先预领。或者比如说今年超过了交粮量还有余粮,那么可以把下一年的粮食也交了,记账记好。每个生产队先把这个收入支出全部弄好,最后年终专门搞分红。分红可以分钱还可以分粮食。

访谈组:金星村在那个时候就已经比其他村富了,原因是什么?

徐雨录:是的,那时候有些家庭都是分 1000 多块,那时候建一个房子一两百块钱,我那个时候拿工资最多十几块钱。所以我这个地方一直经济条件都比较好的,外出务工的也很少,主要是因为干部有一点的经营能力。那个时候需要柴火,村干部就组织村民到山上砍柴,一捆一捆挑到街上去卖,卖到钱以后就归村集体。农闲的时候,大家没事情干,有这个也算是创收。那个时候我们这边有一条水沟,在山坳里经常发洪水,于是在1974年的时候人工挖了一条水道。村干部发动得好,大家都去义务挖水沟。

访谈组: 那时候村干部是选举吗?

徐雨录: 那个时候不需要选举,可能以乡里面任命为主。当时党员也很少,主要还是以乡里为主。当时村干部跟老百姓是一起下去干活的。

访谈组: 大概什么时候开始分田到户?

徐雨录: 大概是1983年。那个时候徐海田书记不同意分田到户,坚持要集体化。现在很多发展集体经济的村,反而后劲很足。还有乡镇企业搞得好的,都是没分田到户的。但在当时也没办法,因为要调动生产积极性。

访谈组: 金星村的行政区划更改过吗?

徐雨录: 应该是1955年开始变的,原来是深渡大队,那个时候有5个自然村,后来移民村毛家坎是2011年建的。金星村是1955年,由红星村改过来的。这个金星村的名字是原来县里的一个文化馆馆长给我们取的。

访谈组: 集体化时期,除了大队长,有村主任吗?

徐雨录: 没主任,一九八几年分田到户以后才有村主任。那个时候村民才开始选举村主任,以前村民也无所谓选不选。之前还有一个社长,叫合作社社长,1984年之后有了村主任、合作社社长,也有支委、民兵连长之类的,基本是兼任的。然后妇女主任是在两委班子里面的。现在金星村妇女主任是第三届,也是一直没怎么换。各地选举拉票现象那么厉害,我们这边没有。村民对各个阶段村干部认可度都挺高的。

访谈组: 改革开放之后,村两委做了哪些工作?

徐雨录: 那个时候做了雕刻厂和家具厂。家具厂承包给温州的一个老板,后面这个老板送货的时候出了交通事故,再给我们村里一个人经营,再后面就停掉了。那个时候家具厂雕刻厂的材料主要是红木,后来我们想山上的樟木是不是也可以做原料,所以就把雕刻师傅请过来教村里人。后来由于没经营能力,慢慢关掉了。茶叶是1993年开始种的。那个时候有一部分地闲置,加上那时每年村里面种花生的收入不高,后面就招标种植茶叶。之后开始种茗茶,茶叶几乎全部是村里妇女采的。茶叶是到郑书记手上大力发展起来的。

上一期补助是 200 块钱一亩。后面陆陆续续发展，土地征迁以后种茶面积还有 600 多亩，最早的时候大概有 1000 亩。那个时候每家每户都有两三亩茶叶。

访谈组：初一书记上任之后对村里有什么规划吗？

徐雨录：村庄规划最早是在 1977 年的时候，那个时候以大寨为榜样，建造了三排大寨屋。现在都拆掉了，模型还有一点点。当时找了一个姓徐的小学老师，画好规划图，但原图没有了，只有一张照片。那图画得很好的，这就是最早的村庄规划。不过，那个时候画的路要窄一点，后面又改了。有的农户自建房屋在路中间，为了拓宽道路要拆房子。所以在 1997 年的时候拆了三栋房，就因为在道路中间。当时这个路中间还有很多旱厕和洗衣板之类的，于是村两委就研究赔偿政策，比如说一块洗衣板赔偿 20 块钱，房子是 100 块钱一个平方，旱厕是 50 块钱一平方。按面积给补偿，老百姓很配合的。比如菜园地 9 块钱一个平方，等于一亩可以赔偿 6000 块钱。2004 年，我们山上的茶园到户。1984 年的时候是分田到户。那个时候茶叶应该是一个主营的村集体经济，村里办了一个茶叶厂。我们山上的茶叶，有好几百亩，属于村里的，所以村里没有分掉。那时候叫大众茶，到 2004 年的时候因为大众茶销路不好，就停掉把这茶叶分给农户了，让农户自己经营。2011 年，毛家坎合并过来了，2014 年建设美丽乡村，就专门有绿水青山指标。然后 2016 年是大干三个月，三个月环境大提升。

访谈组：你主持工作后，是怎么做的？

徐雨录：我是 2016 年 3 月 18 日开始当副书记主持工作的。大干三个月的时候，有 19 个项目，还有一些交办的项目。交办的项目不需要我们自己做，我们村里自己的项目有 19 个。招标肯定来不及做，而且肯定有风险。我想了个办法，就是成立工程队。自己村里成立工程队，全部村民参加入股，每一个股是 3 万块钱，到最后结束，每一股 3 万块钱分红分了 7000 多块钱。最后县巡察组过来查这个问题，但是项目资料有 118 户的签字，村民代表五六十个人的签字，村两委也都签字，所以也没什么问题。那个时候天气很热，我只能叫施工队 6 点开始，10 点就结束，下午是 2 点开始，一天 8 个小时。可能也是运气好，那么大的工地没出一点问题。另外，那个时候所有项目也都交了保险，参加工程队的村民自己去投保，交了 2 万多块钱。所有做事的人有工伤的都可以保的。现在每年都还是交保险的，只要你到我村里旅游，都可以在我这里保险，算是一个公众险。比如你在我村里出了什么事情，都可以报销的。如果去年没出险的,那么今年交的钱少一点,去年出过险了,今年加一点的,最高的时候 9000 多块钱。

访谈组:近几年主要有哪些大事和工作?

徐雨录:这几年每年征迁土地的工作是很多的。比如,黄金水岸线,征地大概有 58 亩,涉及农户大概 110 户。黄金水岸线主要是景观道路,从千岛湖那边一直连过来。还有 2017 年的快速路征地 40 多亩。2019 年 351 国道大概征地 100 亩,房屋拆迁 5 栋。我们做的建设也很多的,如大干 100 天。2021 年是典范村项目。大概投入资金 4000 万元。每个项目都招标的,主要有广场建设,河边景观台建设,道路建设和洗衣房建设这些项目。

访谈组:现在村班子主要是村委会,村委会有村两委,下面有片长,这些都是怎么进行分工和工作的?

徐雨录:是的,片长下面是各队的队长,最后是村民。还有一个妇执委,原来妇女主任叫妇联主席了。现在妇联主席下面每个承包组或者每个片都有一个妇执委,一共 5 个片。两委兼任片长或副片长。只有中心村有片长和副片长,其他小自然村里都是一个片长。每个承包组里面还有 2 至 5 个的村民代表,大的组有 4 个或者 5 个,小的组有 2 个或 3 个村民代表。承包组组长也是村民代表。开化都是这样的。按比例配的,1000 个人口以上的一定要配 50 个,我们的村民代表就有 50 个。

访谈组:村里要开会做决策的话,是由村两委召集吗?

徐雨录:一般都是书记召集,然后是两委开会,最后就是通过村民大会来决议。我们这个星期四要开村民代表大会,关于土地征迁的项目。

访谈组:村里特色的文化活动哪些? 能否具体介绍一下?

徐雨录:去年分了两批把全部村民带出去参观学习,搞了个 10 大碗菜系。还有就是端午节、重阳节之类的传统节日,我们把老百姓招来包粽子,包好以后再送给 70 周岁以上的老年人。之前我们还办过扫盲班,因为很多人不认识字。原来这里除了三个公社书记,都不认识字的。端午节、重阳节和中秋节,这三个节日会送礼品给老人。但是有年龄段限制,一般都是 70 周岁以上的。另外,从 2016 年开始,我们会给村里老人一些补助。去年年终,60 周岁到 79 周岁的每个人补助 300 元,80 周岁及以上的是 500 元。

访谈组:在村干部受群众监督,或者说群众评议这些方面,咱们有哪些措施?

徐雨录:村委会这边有村民的监督。其实老百姓都是在无形之中监督你。

你现在做一点不好的事情,他肯定要去反映的。

访谈组:村级治理方面,金星村有没有自己的特色?

徐雨录:比如金星一码通。我们实行积分体制。去年搞数字乡村的时候开始做的,每个片自己评。一年满分 120 分,每个月 10 分。积分可以兑换的。比如,5 分兑换盐,10 分兑换肥皂,160 分兑换铁锅等。积分也可以累计的。每个村干部包括片长自己打分,还配了一个妇执委,原来是要求一个老干部一起打分。还有一个金星老娘舅调解队,是我们村干部和几个退休的原来组织干部一起矛盾调解的队伍。

金星村妇联主席陈文英村委工作访谈

访谈时间:2022 年 5 月 17 日下午

访谈地点:金星村

访谈对象:陈文英(金星村妇联主席)

访谈组:郑军南 冯雅

整理人:金洁 冯雅

访谈组:我们主要想了解金星村怎么发展、怎么带着大家做工作、搞好村里的方方面面。您是妇联主席,现在妇联的工作是哪些?

陈文英:我 2011—2017 年担任村委,2017 年到现在担任妇联主席,村里还是习惯称为妇女主任。目前,村里妇联具体工作,我感觉比较杂,会涉及留守妇女和儿童等。比如说她们有困难或者有需求,我们就会到她们家里了解情况,特别是身体或者家庭有困难的,我们会主动去慰问帮助。

访谈组:现在村里的留守儿童多吗?

陈文英:一般情况下,我们就给予他们正常的关注,偶尔需要帮忙的时候,就提供帮助。目前村里留守儿童不多,大家对孩子还是很重视的,一般能带在身边的就会带在身边,如果一定要外出的,两夫妻中有一个会尽量在家里全心全意照顾小孩。

访谈组:留守妇女会稍微多一些是吗?

陈文英:对,不过现在不会跟以前一样,一年到头或者几年都不回来,遇到节假日都会回来。现在大家就业一般不会出省,要么就是一家都出去,不会说长期不在一起了。

访谈组:计划生育这方面的工作呢?

陈文英:原来这方面的事情还是比较多的,不过现在"三胎"都开放了,工作就少了点。最近我们接到通知说,如果要生四胎,也不再收取社会抚养费了。以前"三胎"政策放开之前,村里会有一些违反计划生育的情况,但也没有很多,一般一年可能会有一两个,那时候征收社会抚养费会比较困难,其他的都还好。有些人知道要征收社会抚养费,他也愿意出,就是希望罚得不要太厉害。

访谈组:还有其他的工作吗?

陈文英:我们会每个月组织打扫卫生,比如说村庄里的那种卫生死角。还有就是一些宣传工作,像前两年疫情很严重的时候,我们会组织妇女挨家挨户宣传疫情防控知识,告诉大家不要出门,要进行居家隔离。还有就是村里需要我们做什么工作,我们就配合。

访谈组:村里的妇联主席是选举产生的吗?

陈文英:对,是需要选举的,不过妇联主席一定要是由村委兼任的,村里女村委就一个,一般就由她担任妇联主席。我们村最开始的时候有另一个候选人一起竞选。一般来说,候选人先报名,在选举当天候选人回避,然后由村民投票选举。村里两委的会议,作为妇联主席都要出席。

访谈组:村里会组织妇女开展文艺活动吗?

陈文英:以前有组织大家跳广场舞,但是时间也不长。因为上半年村里要采茶叶,下半年的时候,大部分人更喜欢去赚钱。不过还是有小部分人喜欢的,她们自己会用小音箱放音乐然后跟着跳。前几年都是要我带头跳,我不跳她们几乎都不跳,但我也不能保证每天都跟她们一起跳。上半年有些人采完茶叶都非常累了,早上三四点钟起来采茶叶,到晚上七八点钟才吃晚饭,所以我们也不强迫她们。

访谈组:疫情之前这里开了很多民宿和农家乐,基本上是村民自己经营吗?

陈文英:对,都是自己经营的。不过之前网络预约基本上是通过我。游客跟我说需求后,我就会把相应的老板联系方式给他们,让游客自己跟老板联系,因为具体的价格需要他们自己商量。

访谈组:您这边有参与过调解妇女家庭矛盾吗?

陈文英:村里家庭基本没有太大的矛盾,我们参与调解过一些小的矛盾。有些家庭矛盾对我们来讲根本就不是矛盾,但是当事人就会放在心上一直追究,正所谓"清官难断家务事",家里的事情是很难说清楚的。

访谈组:你们作为村干部从中调解的时候,村民应该还是信服的吧?

陈文英:是的,我们出面调解的话,他们一般会比较听劝。我上任之后会有这种情况发生,比如一些十几年前就调解好了的矛盾又会被重新翻出来。往往没有大的矛盾,但小的矛盾有时会经常出现,不过村里能够解决的一般都会在村里得到解决。

访谈组:能介绍一下巾帼爱心服务队吗?

陈文英:这个是我们妇联执委组织成立的一个志愿队。妇联执委加我一共有 7 个人,除了我,其他 6 个成员都是村民代表。这个执委也是有规定的,有主席和副主席,其他的执委一定是村民代表,不是村民代表是没有资格当选妇联执委的。原来小范围的服务队就是由执委组成的,普通村民也可以自愿加入这个队伍里面来。巾帼爱心服务队主要配合开展一些大型活动,最多的时候有 20 人,一般是十五六人。

金星村支委夏朴伟村委工作访谈

访谈时间:2022 年 5 月 17 日下午

访谈地点:金星村

访谈对象:夏朴伟(金星村支委)

访谈组:郑军南　冯雅

整理人:金洁　　冯雅

访谈组:您现在担任什么职位? 承担什么工作?

夏朴伟:我以前曾经担任过一届村干部,是从 2011 年到 2013 年,然后是这一届从 2020 年 11 月份至今。2011—2013 年,我担任监委会委员,同时兼任主任助理,工作内容和村委干部是一样的,承担村委职责。现在担任村委支委干部,深渡片的副片长,片长由徐主任担任。工作任务基本上就是这一片的事情。一般普通的事情都要去管理和解决,除非专业的事情,比如说有关妇女的事情,就让妇联主席来。

访谈组:为什么 2011 至 2013 年担任之后,后面间断几年没有担任?

夏朴伟:当时没有选上,担任村委干部需要投票。当时想担任主任,却没有竞选上,也就没有担任普通村委的职务。

访谈组：金星村作为明星村，越是明星村，事情越多，压力越大吧？

夏朴伟：对，是的。我一个支委做的事情都比一个普通村的书记做的多。我们主要聚焦把自己的产业搞好，村里的事情该做的、能做的都做好。再加之你自己的工作生活，家庭生活也要兼顾。

访谈组：现在一定要是能人才能担任村干部。如果自己还需要别人扶持和帮助，那还当什么村干部。

夏朴伟：那当然，否则你说话没人听的，需要有资格。30来岁的年轻人，没能力和实践经验，都是书本知识，就没有几个人服你。虽然说是干部年轻化，其实执行起来难度较大。

访谈组：村里的这些大小事情的决策，有不同意见或者建议，你们怎么解决？

夏朴伟：像平常生活当中，老百姓跟我说什么事，或者我自己发现什么事，就把建议说出来，这个大家基本都会同意。像有些是思路性的想法和提议就不一定了。现实性问题肯定要解决的。现在开会都有会议记录，需要听听大家意见，举手投票通过。

访谈组：这次你上任之后，村里主要的工作是什么呢？

夏朴伟：整个村里的工作就主要围绕典范村建设，还有就是未来乡村的规划建设。没有哪个村像我们一样，开发建设投入这么多钱，投资金额几千万，全部用于典范村和未来乡村建设。这两项建设可能同时推进。目前，我在典范村建设里面主要负责工程监管。典范村建设工程的工人基本都是这一片的，村委会所在地工程要多一点。开始施工了，需要去监管工程质量问题，还有一些相关政策处理以及跟农户协调矛盾、卫生整治等。另外需要自己自觉关注一些问题，例如晚上转一转，看一下路灯亮不亮之类的。作为一个村干部，没有明确说明你一定要去管，但是需要自己主动一点，注重日常的这些村级管理，去发现问题，并落实解决，村委工作分割不可能那么细化。

访谈组：现在村民有什么事情要解决的话，是直接找主任书记的多？还是一级一级反映上来的多？

夏朴伟：村民一般碰到哪个干部，就和哪个干部说。距离村委比较近的自然村，一般直接到办公室里比较多；另外一些比较远的自然村，跟组长说得比较多。

访谈组：目前咱们这个村叫主村还是什么？

夏朴伟：我们这个村叫中心村，另外其他村叫自然村。我们还有4个自然村,距离不远。现在很多人都搬出来了,具体人数我们没有仔细统计。因为有些人搬家是做了划拨的,有的没有,所以人数就没有那么细化,它每年都在变化的。住在山里的人可以搬到中心村,也可以自己在那里建房子。

访谈组:现在村里的工作除了典范村和未来乡村建设项目落地,还有哪些平常工作呢?

夏朴伟:没有什么特别的,主要是做一些台账,还有就是一些检查报送工作。特别是现在搞的未来乡村和数字乡村,每一行数据都要统计进去。

访谈组:咱村里的产业主要是以种茶叶和旅游为主吗?

夏朴伟:对,农业就以种茶叶为主,旅游的话受到了疫情的影响。

访谈组:那花牵谷景区呢?

夏朴伟:现在没有多少人来玩,平常人也比较少。门票 60 块钱。这个景区是市文旅局管的。现在是疫情防控期间,平时没人的。

访谈组:您觉得对于金星村今后的发展来说,哪一块工作比较重要?哪些工作需要改善?你对今后发展有哪些期待?

夏朴伟:现在我们农村老百姓最大的心愿就是 60 岁了能够有退休工资,能够提高老年人的保障。目前村里节假日一般也会意思意思,给老人家送礼物,但村里确实没有多少钱。

金星村村民王瑞红村情民风访谈

访谈时间:2022 年 5 月 17 日下午

访谈地点:金星村

访谈对象:王瑞红(村民)

访谈人:郑军南 冯雅

整理人:陈玮 冯雅

+·+

访谈组:请问您怎么称呼?

王瑞红:我叫王瑞红,今年 52 了。

访谈组:您开这个茶厂多长时间了?主要产品是什么?

王瑞红:有十多年了,不过我炒茶叶有 20 多年了,从三十一二岁就开始炒。现在开茶厂用的是自己的房子,以前是租村里的。现在主要产品就是开化龙顶茶。

访谈组:茶叶是如何销售的？价格如何？

王瑞红:主要在市场中批发出售，全国各地都会有人来收。茶叶的包装主要是茶叶协会提供。价格方面，一般前期价格会好一点，后期主要赚一些交通费，赚得不多。

访谈组:您现在有多少茶叶？

王瑞红:现在还有几十亩地，原先有 150 多亩。后来减少了是因为种的茶太多了，没有足够的人手去采摘，而且现在雇人采茶成本也很高。雇人采茶的话，从早到晚平均每个人能采五六斤左右。

访谈组:现在关于种茶叶和炒茶叶，县里或者镇里有什么扶持政策吗？

王瑞红:种茶叶是有补贴的，但现在资金还没拨下来，应该是县里统一发放的。炒茶叶好像没有补贴。

访谈组:疫情对你们生产经营有什么影响？

王瑞红:今年春天的时候，我都没有做加工，因为需要隔离。跟往年相比，今年收成有很大差异。外面买茶的人进不来，我们的茶叶也寄不出去。

访谈组:村干部跟村里人的关系怎么样？村民反馈问题，村干部会及时解决吗？

王瑞红:都还是很好的。我们有困难时，村干部都会帮我们及时解决的。

访谈组:一般村民有问题是直接找书记吗？

王瑞红:一般都是见到哪个干部就找哪个。

访谈组:你希望村里哪些方面能做得更好一点？

王瑞红:当然是希望村里越来越好，比如多来一些游客，不然我们的茶叶也不好卖，像今年因为疫情，游客就少了很多。

金星村外乡民赵娜娜村情民风访谈

访谈时间:2022 年 5 月 17 日下午

访谈地点:金星村隐乡民宿

访谈对象:赵娜娜(外乡民)

访谈组:郑军南 冯雅

访谈整理:冯雅

访谈组:您是为何来到金星村的？

赵娜娜：我老公是开化人，后来因为小孩子的原因。因为我们经常做生意，小孩子一个人在家就比较调皮，老师就强烈要求让我们回来自己带孩子。现在除了开民宿，也卖农产品，卖油、酒之类的其他产品。

访谈组：现在民宿经营情况如何？一般什么时候游客比较多？

赵娜娜：正常情况下是周末和节假日，还有暑期。暑期两个月基本上是订满的。我只有三间房。其实房间数量我倒觉得不是很重要，因为当你的房间数量多的时候，你的精力可能会不够。但是如果我有4个房间的话会更好，比如说4个家庭一起出来玩，可能人家打牌也要4个人。客人对我的民宿还是比较满意的，昨天就有个客人走访了一圈以后又重新回来了。

访谈组：又重新订了你的民宿是吗？

赵娜娜：是的。因为顾客当时说了叫我打折，但是对于我来说，亏本生意倒不如不做，做生意肯定是要保本的。后来顾客走了一圈就回来了，说住在我这里。其中有一个是我们安徽的老乡，因为老乡的面子，正常的价格是880元的房间，我给顾客680元。第二天早上顾客起床后跟我说，房费680确实是便宜的。因为顾客真正住下来，感受到了价值。之后顾客还在我这里吃午饭，让我把菜价加上去。顾客讲了这个话，我反而倒不好意思了。其实人都有一面都很善良的，顾客感受到物有所值的时候，他们也会觉得不好意思；顾客没有体验到价值的时候，就想尽量降低价格。还有顾客走的时候买了一些像豆腐乳、茶叶之类的土特产品，说下次一定还会再来。这就是真正的民宿，对于我来说也是一种快乐。

访谈组：当时为什么想开民宿？

赵娜娜：因为我第一喜欢养花草，第二喜欢喝茶，第三最重要的一点，就是我的娘家离这里比较远，我更希望有一个能让我安定下来的地方，可以和朋友一起聊天。其实每个做民宿的人并不是说一定要赚多少钱，更多的是一个情怀。

访谈组：平时村里各种活动或参观之类的，有什么需要您配合帮忙的吗？

赵娜娜：村里的话，我也是尽我所能。因为作为村里的一员，我也希望给周边的老百姓带来点什么。比如说没事的时候，在路上看到村民，会叫他们进来喝杯茶，一起聊天。包括有时候去采茶，一个人的力量是非常小的，都需要互帮互助。老百姓家里有什么东西，比如说应季的蔬菜，他们也都很热情的送到我这里，村民们都很热心的。

访谈组：民宿有没有帮村民卖农产品？

赵娜娜：有的。只要村民有，我们都会卖。另外，我自己也卖茶叶。因为我这个茶叶都是来自山上的茶青，自家茶园里的我很少去卖的。到山上去采茶，不是每个人都愿意的，第一采不到量，第二难度非常高。山上那种算是野茶。以前有人居住的，其周边都有茶叶，后来大家都移民了，茶树在那里没人管，就荒掉了。

访谈组：所以现在你的产茶量不大？

赵娜娜：对。一个山头四五个人一起去采，所以量非常少。像我们做豆腐乳，整个制作过程，都是我们自己做的，所以没有太多的量。我做的辣椒酱对辣椒的要求很高，因为要土辣椒，才能真正有酱的香味。客人也一直在催我，问我什么时候做辣椒酱。但是现在没有办法规模化生产，就像民宿酒店一样，一旦规模化，品质就会下降。产品有感情在里面，做出来肯定是好的；如果手工做的，还会受到很多追捧。

访谈组：对像您这样的外来人员，村里有没有什么帮助政策？

赵娜娜：村里整体还是好的，我作为一个外乡人还是蛮幸福的。比如说过年的时候，村里还会给我们包个红包。这方面工作书记坚持得特别好，我觉得真的好亲切。村里一年到头有接待什么的，也会象征性给我们补助一点。如果你想补太多的话，这个也是不太可能的。但是我觉得有意义就好，做到这样子也是蛮好的。

访谈组：村里的一些村务决策，会邀请你们一起商量吗？

赵娜娜：会的。比如说一些项目关系到农业农村、民宿产业发展，村里也会叫我们一起开座谈会研讨。我觉得在这个村里，我作为一个外乡人，要比别人做得更多才能在这里立足。比如说，我店里有很多东西明明可以很便宜进货的，但是我一般到老百姓那边去购买。因为我想让他们也可以赚点小钱。村里还有一些岁数大的人，他们子女大多在外地，那我觉得我更有义务帮忙照顾好他们。

访谈组：村里关系还是挺融洽的。

赵娜娜：是的。其实到这里来之后，能感受到真正的幸福，像回到了以前我们小时候经历的那个时代，邻里家庭关系融洽，感觉特别幸福。我的性格在别人看来可能有点傻。我以前在城里生活，楼上楼下对门都不熟，大家都早出晚归的，有些在单位里，有些自己做生意。我偶然间认识我对门的那一户人家，还是通过我儿子。有一次他放学了没有手机找不到我，就跑到别人家去敲门借手机才认识的。有些时候觉得那种生活真的太压抑了。郑书记真的很好,我跟他女儿是朋友,他也把我当成半个女儿看待。有时候他们女儿买的水果之类的,他都会送过来给我,说家里没人吃浪费了,你这里有客人要招待,给你提过来。像这些小事,都能从很多细节上感受到温暖。

访谈组:您对以后金星村的发展有什么期待或期望吗?

赵娜娜:我倒不希望发展得像城市一样,不然我过来就没有意义了。乡村还是乡村。我觉得就像民宿一样,它为什么是民宿?民就是来自民间的老百姓。比如城里顾客来我这里,可以跟我一起去感受田园生活,这才有不一样的收获。你说喝酒或者打牌,其实在哪里都能喝酒或者打牌。民宿卖的不是房间,真的就是一个风景和情怀。浙江省党建基地设在金星村这里,老百姓的素质还是蛮好的,我们当然是希望发展得更好。我之前也有提过一些建议。比如,金星村对 70 岁以上的老人家,每一年好像有几百块钱的红包。但我想,与其给红包倒不如用这个钱给老年人建造一个活动空间,让他们每个人都有机会施展自己的长处和才华,或者做一些娱乐,比如说玩一些乐器、做一些手工艺品之类。

访谈组:您对村里发展的建议是通过什么样途径去提的?村里是否定期开座谈会?

赵娜娜:关于金星村的发展,包括土地规划之类的会召开一个座谈会。但定期开会是比较难的。如果项目谈到未来发展,村里会咨询一下我们的意见,会选择代表参加,比如党员或者村干部,还有就是我们这些投资者。关于建议,我提议过在家里带孩子的农村妇女可以学一些茶艺、舞蹈或者乐器等,这样可以自娱自乐,内在生活也更加充实一点。不过当时说是这么说的,但具体落实到现实也确实很难,因为每个人都有每个人的事情。

访谈组:发展是个很长期的过程,素质的提高不是说来就来的。

赵娜娜:对。金星村有一个很大的改变,我刚来的时候村里老百姓还会随便扔烟头、扔垃圾的,但是现在我们一般不会看到这些情况了。老百姓的卫生意识有了彻底的转变。不仅包括公共卫生意识,甚至连个人素质也都越来越高了。

访谈组:这是什么时候开始慢慢改变的,是因为环境大整治吗?

赵娜娜:对。我们村里村民的房子有的是白色的,有的是灰色的,但是统一刷了白色以后,大家也觉得原来可以变得那么漂亮。漂亮的环境需要大家去维护。只有这种集体意识提高了,环境才能得到长久有效的维护。

访谈组:现在村民参与村里治理的意识有没有更主动一些?或者像您这

样主动提建议的村民多吗？

赵娜娜: 有的。比如说别人过来问路或者找地方的时候,最早的时候有些村民是不给予理睬的。但现在他们就很热情、很主动,这样会给客人带来非常好的印象。现在村集体意识上去了,村民可以共同维护村里的风貌,包括整体的精神风貌、物理环境风貌。这个其实对乡村发展很重要。现在像金星村这样的村子还是挺少见的。就比如金星村这么多年的发展,每一条路都是通的,这个不仅是村干部的工作做得好,老百姓还要配合好。

金星村外来移民童兴村情民风访谈

访谈时间:2022 年 5 月 17 日上午

访谈地点:金星村

访谈对象:童兴(金星村移民)

访谈人:郑军南　冯雅

整理人:陈玮　冯雅

访谈组: 你们什么时候移民过来的？从哪里移民过来的？

童兴: 好像是 1959 年的时候。我爸刚好 1959 年出生的,刚好移过来。当时是从淳安千岛湖移民过来的。

访谈组: 移民村那些是新房子吗？

童兴: 以前移过来的时候是都是自己盖的泥土房。现在的房子是新建的。

访谈组: 那时候移民有多少人？

童兴: 那时候大概有三四百人,后来有一部分到江西去了,这里还留着两百七八十人。这两百七八十人是相当于以前的一个村。以前我们住的村也叫毛家坎,移民过来后村名字没变。像我们这代籍贯是淳安,我们的孩子籍贯变成了开化。再后来我们村跟金星村合并,具体合并时间是 2011 年前后。

访谈组: 那你们村子现在的新房子大概什么时候建的？

童兴: 2010、2011 年到现在建的比较多。咱们经过这几年村庄整治,环境得到了提升。2016 年的时候环境大提升,大干三个月;2019 年搞了一个移民项目,主要关于村庄基础设施、公园、停车场等。加上这几年的环境提升和村庄整治,后来两山集团把我们村里又提升了一下,修建了柏油路,还做了洗衣房。目前不是每个自然村都有洗衣房,就毛家坎有,后续其他村会陆陆续续建设。其实这几年发展是蛮好的。

访谈组:现在毛家坎主要的产业是什么?

童兴:主要是茶叶。以前是种田地,现在都是茶叶。之前有人在金星村搞茶叶,茶叶价格还蛮好的。但是现在大家都种茶叶,价格就要掉下去了。茶叶产业以前都是集体承包,后面都是私人承包了,自己卖茶。

访谈组:村里卖茶叶就是农户自己卖,有没有一个统一的途径?

童兴:村里没法组织,茶厂也没有了。在我印象中,以前村里有茶厂的,都是集体收茶叶去卖掉,算集体经济,现在没有了。

访谈组:那你自己现在主要做什么工作?

童兴:我家里也是有茶叶的。另外,我自己买了台小挖机,有什么小事情可以做做。大挖机进不去的地方,小挖机可以进去。之前农村的小挖机需求量还是比较多的。现在也不行了,买小挖机的人越来越多了,我们村小挖机就有好几十台了。

访谈组:你现在多大年纪? 家里有几口人? 都主要从事什么工作?

童兴:我是 1987 年出生的。目前家里有 6 口人,父母、老婆和两个小孩。我老婆做一些零活。如果村里搞卫生什么的,有空的话就做一下,平时主要是务农。

访谈组:你们村合并前与合并后有没有一个比较明显的改观?

童兴:是有所改观的,现在的收入基本上慢慢提高了。治安水平、邻里之间的关系,整个村的和谐程度肯定也都好起来了。

访谈组:村落合并的时候,原来村里的村干部怎么调配处理?

童兴:那时候我还没到村里任职,毛家坎的村干部在合并后当支委兼监委会主任。

访谈组:现在村里有什么大事的话,如何处理? 比如说有项目要下来,资金怎么用,事情怎么开干,是什么样的程序?

童兴:现在一般如果有项目下来都要招标的,招标后按设计图纸再干。如果再需要什么整改的话,肯定也要开个村民代表大会,让大家提提意见。大家可以参与村里的事情,你有什么不同意见都可以提出来。

访谈组:村民大会一般是多长时间开一次?

童兴:固定的话,一般一个月开一次,有些时候事情比较多,一个月开好几次都有可能。党员大会差不多也是一个月开一次。我们村里的村民代表大概有 50 多个,开会是要达到 2/3 的到会率。一般有事情的话,看看天气预报,如果明天要下雨了,大家都不干活了,那么再发通知。有一个队长群,先通知队长,再通知下面代表一起开会。开会都是有会议纪要或者签到表的。

访谈组:现在村干部的选举,如何进行?

童兴:通过选举产生。村主任是由所有村民投票产生的,村民包括村民代表和普通村民。选举村干部首先要组织提名审核,审核之后看几个人报名,报名之后就贴告示出来,选取地方设置投票箱,然后通知队长告知村民,村民到现场后发票,有秘密监票室,写好之后再投。选举程序很正规。

访谈组:村里写的"1+X"是什么?

童兴:是党员联户,就是现在党组织分配的党员联户。网格上面可以联系每个片区的党员,每个党员会联系大概七八户村民。家里有什么困难或者问题可以向党员反映,开党员大会的时候,党员可以跟党组织提出来,党组织也可以帮助一下。现在党员联户管理更细致了。当然一般来说,党员们也要上班,比较忙,去联户也比较困难。

访谈组:那现在这个做法效果如何?

童兴:效果也算是可以的。因为现在整个衢州是这样的,有一个APP,里面每个党员都录进去了。党员要联系到村民家里了解情况,每个月要上报到系统。我们现在村里都蛮好,我们去独守老人家里,他都会开玩笑说共产党来送东西慰问了。村里也比较照顾他们,经常联系五保户,并买点东西去看望他们,问问有什么需要帮助的。

访谈组:村里有乡贤议事会吗?

童兴:有,但比较少。好像郑书记组织了一次。一般情况下,大部分乡贤不在村里,他们难得回来,凑不到一起的,各有各的忙。

访谈组:金星村有没有一些特别的做法,跟其他村不一样的?

童兴:像总书记说了"人人有事做,家家有收入"以后,村里对茶叶这一块比较支持。另外,在尊老方面做得也不错,村集体在过年的时候会给60岁以上的老人家包红包,这些其他村里肯定是没有的。这两年端午、重阳之类的节日都要搞活动,我们两委和老人家一起,端午节包粽子,送给老人家表达一下心意。文化活动主要围绕着传统节日,比如说中秋节给老人们发月饼。我们还有一支二胡队伍,是自发组建的。之前还会请戏班子来唱戏。因为村里想到老人家好长时间没看,就组织有钱的乡贤资助几晚,老人家都很喜欢看的。

访谈组:村里有村规民约吗?效果如何?

童兴:村规民约有的。如果需要改动,要开村民代表大会,得到村民代表同意之后才能修改。效果肯定是有的。以前有的村民不是很配合工作,我们会和他说一下村规民约。

访谈组:您现在担任村干部吗?

童兴:我现在是村委主任助理,兼任毛家坎片区副片长。

访谈组:现在村务公开怎么做?

童兴:一般都放在宣传栏,线上的活动宣传是会计负责。我们现在有个群,相关工作要拍照发到群里面。未来乡村都要求数字化,但金星一码通现在还不是很完善。以前我们党员联户就放在金星一码通上面,现在一码通上有积分兑换。例如村两委去检查,看看屋前屋后有没有垃圾,然后进行打分或扣分。积分可以兑换日常物品,比如肥皂。如果都不扣分的话,每一年可以奖励600元,如果满分的话奖励800元。这个积分体系有规范的方案,APP上面有介绍的。比如,是否遵守法律法规、积极支持村级工作、维护村集体荣誉等等,如果不支持的,就一票否决没有分。还有家庭和睦、邻里关系融洽、无非法宗教活动、打架斗殴、越级上访,还有房前屋后环境等等。会计会计算累计积分。村民可以根据积分情况去兑换物品,5分可以换一包盐,10分可以换奥妙洗衣液。积分可以累计,这个月不兑换也没关系,即使下个月、下一年不兑换都不要紧。每个村民登录微信可以在后台看到自己的积分,当然自己只可以看到自己的。

访谈组:积分制度村民的参与度怎么样?

童兴:参与度还好,每个月都有人来兑换。每个礼拜六来兑换物品。一般是老年人来兑换,或者是家庭主妇那种,年轻人来兑换比较少。

访谈组:村集体收入怎么样?

童兴:像我们村分红比较少。有些村集体有钱,比如村集体办厂房等。现在我们也要向这方面去发展,不然都是靠上面政策也不行。现在党建培训中心在建,我们也占股份了。建好后,我们村集体收入会越来越多。现在两山集团把我们有些房子租出去,党建馆每年也给我们村里一些钱。

访谈组:村里如果有矛盾的话,如何解决?

童兴:我们有村里矛盾协调中心,还有警务室。如果实在处理不了,就请镇里干部来协调处理。矛盾调解和其他村都差不多。我们有个助理支委是调解委员,村里又选了书记作为调解主任,还有妇女主任也会参与调解。

访谈组:村里会组织培训村干部吗?

童兴:培训的话肯定有的。每个村干部有不同的职责,管哪块的肯定要培训哪块。像我是网格员,网格员的培训就有很多。现在培训一般是出去到镇里。如果是书记主任的话,出去、培训的机会更多一点。

访谈组:以后对金星村的发展有什么想法?

童兴:肯定是希望村里越发展越好,老百姓就是想有个保障。另外,要把自己的产业发展好,得村集体有钱。

访谈组:如果疫情不严重,村里的民宿、农家乐也还不错,而且村里对民宿、农家乐都很支持。

童兴:嗯对。比如说开农家乐或者民宿,如果农家乐评的好,或者是民宿评得好的话,上级政府会给一定的奖励。另外,村里前段时间跟两山集团签订了协议,以后金星村可以作为开化县疗休养的一个点。这样相当于给民宿介绍生意,让他们收入高一点。

访谈组:关于党建联盟呢?

童兴:党建联盟主要是郑书记在负责。具体工作我不是很了解。感觉联盟引进的项目也比较多。现在有什么好的项目,会一起讨论,让大家一起在村里面增加收入,促进共同富裕。人人有事做,家家有收入,我们的共同富裕主要是体现在经过这么多年的发展,我们的产业也起来了,民生也确实越来越好。跟以前相比,简直是一个天一个地。

　　本书为浙江省社科规划重大课题"乡村振兴与小城镇协同创新高质量发展的战略与实现路径研究"（22YSXK02ZD）、浙江省社科规划"社科赋能山区26县高质量发展行动"专项课题"开化县金星村打造我国村级治理样本地的经验与启示"、浙江省教育厅一般科研项目"数字经济赋能乡村振兴的内在机理与优化路径"（Y202044444）资助成果。